生物课堂教学组织与管理

邵淑丽 李旭艳 张伟伟 张珍珠 主编

哈尔滨

图书在版编目（CIP）数据

生物课堂教学组织与管理 / 邵淑丽等主编. -- 哈尔滨：黑龙江大学出版社，2020.9
ISBN 978-7-5686-0513-7

Ⅰ. ①生… Ⅱ. ①邵… Ⅲ. ①生物课－课堂教学－教学研究－中学 Ⅳ. ① G633.912

中国版本图书馆 CIP 数据核字（2020）第 176715 号

生物课堂教学组织与管理
SHENGWU KETANG JIAOXUE ZUZHI YU GUANLI
邵淑丽　李旭艳　张伟伟　张珍珠　主编

责任编辑	刘　岩
出版发行	黑龙江大学出版社
地　　址	哈尔滨市南岗区学府三道街 36 号
印　　刷	哈尔滨市石桥印务有限公司
开　　本	720 毫米 ×1000 毫米　1/16
印　　张	15.5
字　　数	222 千
版　　次	2020 年 9 月第 1 版
印　　次	2020 年 9 月第 1 次印刷
书　　号	ISBN 978-7-5686-0513-7
定　　价	47.00 元

本书如有印装错误请与本社联系更换。

版权所有　侵权必究

目　录

第一章　绪　论 ……………………………………………………………… 1
　第一节　课堂的内涵 …………………………………………………… 2
　第二节　课堂教学的内涵 ……………………………………………… 10
　第三节　课堂教学组织与管理的关系 ………………………………… 19
　第四节　课堂教学组织与管理的原则 ………………………………… 29

第二章　课堂教学组织 ……………………………………………………… 37
　第一节　课堂教学组织变革的意义和影响因素 ……………………… 38
　第二节　课堂教学的动态平衡 ………………………………………… 48
　第三节　课堂教学各个阶段的组织 …………………………………… 62

第三章　生物课堂探究、自主、合作学习的组织与管理 ………………… 83
　第一节　生物课堂探究学习的组织与管理 …………………………… 84
　第二节　生物课堂自主学习的组织与管理 …………………………… 100
　第三节　生物课堂合作学习的组织与管理 …………………………… 110

第四章　生物课堂教学语言应用 …………………………………………… 121
　第一节　生物课堂教学语言概述 ……………………………………… 122
　第二节　生物课堂教学语言的运用原则 ……………………………… 134

第五章　生物课堂教学环境创设管理 ················ 145
第一节　课堂教学环境内涵 ····················· 146
第二节　生物课堂教学环境创设的策略 ············· 151

第六章　生物课堂纪律管理 ······················ 159
第一节　课堂纪律管理策略 ····················· 160
第二节　课堂问题行为处理策略 ·················· 171
第三节　生物课堂偶发事件处理方法 ··············· 182

第七章　生物课堂中师生情感的管理 ················ 189
第一节　师生情感管理的内涵 ···················· 190
第二节　生物课堂师生情感管理的策略 ············· 198

第八章　生物课堂学习评价和教学反馈管理 ··········· 205
第一节　学习评价概述 ························ 206
第二节　课堂教学反馈 ························ 221

参考文献 ································· 231

序　　言

　　这是一本关于生物课堂教学组织与管理技巧和策略的图书，对教师提高生物课堂教学效率有指导意义，为学科教授硕士生课程提供了一本专业教材。相信这本书能带动我们对生物课堂教学组织与管理问题进行深入研究，推动新课程改革理念的实施，创新课程教学方法。

　　本书系统阐述了与生物学新课程相适应的课堂教学组织与管理体系，涵盖课堂教学组织与管理内涵、原则，课堂教学组织的实施，以及课堂教学管理的实施三个方面的内容。教材首先系统概述了课堂、课堂教学、课堂教学组织、课堂教学管理等内容，阐述了课堂教学组织与管理之间的关系、实施原则、中学生物新课程标准对教师课堂教学的要求。其次，系统阐述了多样化的课堂教学组织形式，分析了课堂教学组织中的不平衡现象，介绍了课堂教学各个阶段的组织原则，以生物新课程标准为指导原则，介绍了探究、自主、合作式课堂教学组织的实施策略。最后，教材概述了生物课堂教学组织管理的问题，从生物课堂教学语言、生物课堂教学环境创设管理、生物课堂教学纪律管理、生物课堂中师生情感的管理、生物课堂学习评价和教学反馈管理等方面进行分析，有效提高了教学效率。

　　本书由邵淑丽统一审定，具体写作分工如下：第一章由邵淑丽编写，第二、三、四、五章由李旭艳编写，第六章由张珍珠编写，第七、八章由张伟伟编写。

　　本书既可作为高等师范院校生物学专业本科生、生物学教学论硕士研究生的专业用书，又可作为中学生物学教师和教学研究人员进修学习的重要参考书。

第一章　绪　论

第一节 课堂的内涵

一、课堂的构成要素

课堂作为完成特定教学任务的载体,通过人与人之间的交往、沟通、互动,借助于教与学的设备、设施、环境和活动,使学生获得知识、经验和技能,从而促进德、智、体、美等方面的提高,最终达成个体社会化和个性化。

课堂由教师和学生共同组成,其人际关系包含教师与学生、学生与学生等方面。教学是在一定的时间和空间范围内,按照特定的规范组织课堂并提供相应的设备和设施来开展教育活动。因此构成课堂的要素通常被认为包含教师、学生、教育教学的设备与设施、教室、教育教学目标、课堂规范、知识信息和特定的时间资源。

1. 教师是构成课堂的主要要素

《师说》提及"古之学者必有师。师者,所以传道授业解惑也",通常认为,教师居于课堂组织中心的地位,主导了课堂中教育教学活动的开展。教师的教育思想理念、班级组织能力、教学风格等直接影响到课堂的效能。现代教育理论认为,推动教师专业发展是提高课堂效能、推动课堂发展的关键要素。

2. 学生是课堂的构成主体

课堂教学的主体是学生,这应该是教育发展的方向。这是因为课堂是因教育学生而存在的,课堂目标因学生发展需求而制定,同时学生的发展水平和阶段也直接决定了课堂的特点。课堂是学生人际交往的重要场所，对学生发展至关重要。课堂是学生学习的场所，更是学生生活和成长的场所，不关注后者往往导致课堂所实现的目标与预期的教育目标相悖。

3. 教育教学的设备与设施是重要的课堂组成部分

课堂教育教学活动中辅助的教育教学设备与设施包括简单的黑板、粉笔、讲台、课桌椅及现代化的视听设备、多媒体设备等。随着信息化教学进程加快，新课程改革的不断深入，合理运用作为信息传递媒介的教育教学设备与设施能够提高学生对新信息的接收速度，帮助完成师生间交流互动、信息传输、加强对概念定义的理解等，这些也是课堂教学效能的重要影响因素。

4. 教室是课堂的空间存在

教室是进行课堂教学的空间场所，是师生实现学习、生活和精神交流的重要场地，对课堂的效能具有重要影响。近年来新创的《教室铭》较好地阐述了教室的影响层次——"房不在大，有光则明。人不在多，知学就行。斯是陋室，学子品清。聚精会神在，应考便得心。同窗皆好友，往来为知音。可以共玩乐，把心倾。杜外界之诱引，绝游戏之扰心。匡衡苦凿壁，车胤奋囊萤。今人曰：'何苦之有？'"现代文翻译过来即为"房子不在乎大还是不大，有光就会很明亮，学习的人不在乎多不多，知道学习就行，虽然教室比较简陋，但是学子品德清高，聚精会神地学习，考试就会得心应手，同窗都是好友，交往如同知音一样，可以一起玩乐，倾吐心声。隔绝外界的诱惑，杜绝玩游戏的心思，古人有匡衡凿壁借光，车胤囊萤映雪刻苦读书的故事，对比今天的我们，学习有什么苦的呢？"这种影响体现了教室的物理作用，比如信息传递、交往互动等，还包括教育教学心理和人际关系。

5. 教育教学目标是课堂存在的价值基础

课堂的价值在于实现教学目标。为满足不同教学目标的要求，课堂有不同的类型展现，比如以考高分为追求目标、以分数为评价标准的应试课堂，以突出和强调教育的育人功能，全面提高全体学生德、智、体、美、劳等方面素养的素质课堂。不同的目标不仅使学生获得知识和经验的课堂不相同，也使得社会对教育评价的舆论风向不同。

6. 课堂规范是课堂组织的基础

课堂规范是课堂特性的集中体现，是课堂中学生与教师的行为准则，它是学校传统、学校精神、学习风格和教学风格集中影响的结果，是基于学校的管理制度与规范，在教师与学生交往互动中形成的。

7. 知识信息是课堂活动的主要内容

课堂的主要任务是传递知识信息，并通过此途径达成教学目标。在课堂上，教师将加工好的知识信息传递给学生，并帮助学生实现知识的同化和自我建构，或将社会信息传递给学生，对学生施加影响，促进学生的社会化。

8. 特定的时间资源是课堂延续的基础

特定的时间资源是课堂延续的基础，同时它又是教育活动中最为丰富也是最为宝贵的资源。特定的时间资源的有限性决定了课堂的有限性，课堂的绩效通常是以时间成效比计算的。这样的绩效表现为，在同样的时间里取得学生发展的更大成效，或者使学生获得同样的发展所用时间得到最大程度的节省，这是课堂追求的主要效率目标。教育活动形成本身是为了适应学习并节省教学时间，基于班级授课制的课堂教学，其形成的主要价值之一也是节省时间，时间效能始终是学校课堂教学追求的直接目标。

二、课堂的基本属性

1. 课堂是信息交流系统

课堂是一个相对独立的小型社交系统,需要不断与外部系统进行信息交流。一方面,课堂作为学校的子系统需要持续与学校管理主系统进行密切的信息交流,班级是课堂存在的载体和依据。另一方面,班级和课堂具有包容性与同步性,能够通过多种渠道与社会系统进行直接和间接的信息交流。课堂是一个通过交流信息建构起来的系统,其中教师通过信息传递实现教学,而学生在课堂这个信息交流系统中进行交往互动。只有认识课堂信息交流的特点、充分利用信息交流,才能更好地把握课堂。

2. 课堂是社会关系的集合

各种社会关系通过不同的渠道和形式在课堂中体现。学生家庭状况、家长之间的联系、师生之间或者教师与家长之间的社会关联,都对课堂成效产生影响,因此观察和分析课堂时必须重视课堂中的各种社会关系。受到学校教育和家庭教育的同时期性效应影响,如果学生每周在校5天的教育抵不过2天双休日在家庭、社会受到的各种影响,学校的教育成果就会大打折扣,甚至相互抵消。所谓"五加二等于零"的德育现象就是个别学生在两者影响结合中不理想的结果。

3. 课堂是实现教育目标的途径

课堂是为实现特定的教育目标而组织起来的学校教育的主阵地,学校教育的目标更多地取决于课堂实现,课堂效率高或者低直接决定着学校教育成效的高低。因此分析课堂必须围绕实现教育目标展开,否则课堂将偏离其教育特征。

4. 课堂是学生生活的场所

学生的在校生活内容主要是上课，所以课堂教学中学生的感受直接决定着学生生活质量，教师对学生的课堂感受和生活质量关注不够往往会导致课堂出现问题。在现代教育中，课堂应提高学生的知识、技能水平，促进学生的情感发展，增加学生经验的积累，应致力于加强学生对生活的感受，不断地提高学生的幸福感。

5. 课堂是一个社会组织单位

课堂主要以班级组织形式存在，班级是现代学校的基本组织单位，因而课堂通常是与班级组织联系在一起的，具有社会组织的属性。课堂有自己的组织形式和行为规范，有特定的权力和组织结构，课堂管理一般都是在这样的组织基础上建立的。

6. 课堂是学校文化、社会文化的集中体现

教育是一种文化现象，社会文化和学校文化与课堂结合，形成了独特的课堂文化。这种课堂文化对学生的发展、教学活动、学校教育目标的实现都具有十分重要的影响。现代课堂建设更应该关注课堂文化的建设，需要从课堂文化入手研究和认识课堂。

三、课堂的特点

现代课堂以班级授课制为基础，学生按照大体一致的年龄与知识基础进行编班，教师按照各门学科教学大纲规定的内容和教学时间表进行教学。学生在集体组织中进行学习生活，学生之间的交往互动对学生的发展具有举足轻重的作用，课堂对学生的各方面发展具有深远的影响。课堂更是具有多任务、多因素影响同时发生的复杂性。普遍认同课堂具有以下特点：

第一，多元性。课堂在一定的时间单元里有多种不同的任务和事件：教师要不断观察学生，对学生的表现做记录；教师要控制好讲课的时间，遵守时间表，完成该时间段的授课任务；教师要指导、收集、纠正学生的作业；学生积极参与各种教学活动，认真思考，吸收和消化知识，实现各种学习目标。

第二，同时性。在课堂上很多的事情是同时发生的，进行问题讨论时，教师在听取学生的观点后需要做出相应的反应，并观察组织那些没有参与的学生，分析判断他们是否理解和领悟，以保证课堂教学的正常进行。

第三，瞬时性。课堂的进程是很快的，教师在事情发生之时必须做出及时的反应或调整。

第四，课堂的气氛难以估计。课堂气氛是课堂中师生之间或者学生之间为了实现教和学的目标而展开活动时所形成的一种心理状态。稳定、良好、积极的课堂氛围能够激发师生教和学的热情，达到心灵的默契、情感上的共鸣，有助于教学任务的完成。但是课堂内的事情一般不会完全按照教师所期望的方式发生，消极甚至是对抗的课堂氛围会导致师生情绪低落，打乱课堂教学节奏，分散注意力，干扰正常的教学秩序。

第五，历时性。教师与一个班级的同学相处一段时间后，就会形成共同的规范，促进师生之间的相互了解。在学年初发生的事情，有时可能会对该学年其他时间里的课堂的作用方式产生影响。按照现代教育理论的要求，教师要把学生同时当成学习者和社会成员看待。学生在学校里不仅要学习课程，更要与同伴交往，需要得到鼓励，分享学习的乐趣，课堂不仅是学生学习的场所，更是学生生活的组成部分，教师既要处理教学的事情，又要处理学生相互之间的事情。

四、影响课堂的外在因素

复杂的课堂内外因素会影响课堂活动，堪纳斯的观点认为，没有一组独一无二的心理学因素、社会学因素或者教育学因素可以解释课堂上所有的问题行为。这是一个复杂的、涉及许多学科的研究领域。课堂的影响因素分为两大类型：课堂外的因素和课堂内的因素。社会环境因素、自然环境因素、家庭环境因素和学校环境因素等构成了课堂外的因素，教师、学生、教学内容、教学手段是课堂内的因素，这些都会影响课堂，课堂活动就是在这些因素相互影响和作用的条件下进行的。下面主要讲一下影响课堂的外在因素：

1. 影响课堂的社会因素

教育可以使人交际化并社会化，学校教育、社会生活都是使人获得经验和体验并逐渐实现社会化的重要途径。课堂活动作为学校教育的主体形式，受到社会因素的直接和间接渗透与影响，这些社会因素通过课堂影响着学生的社会化。影响课堂的社会因素有很多，包括政治经济发展、社会意识形态、文化传统等多个方面，它们对课程的设置、课程的内容有着不同程度的影响，在碰撞与融合中逐渐实现课堂活动和社会同步发展。

2. 影响课堂的政治因素

教育是一种社会活动，是具有政治属性的，所以课堂的教学目的、组织形式、内容都受到不同程度的政治因素影响。这些影响往往是通过教育方针、政策、有关课程的法规等中间环节或手段在课堂中直接体现来实现的。

3. 影响课堂的经济因素

在现代社会中，教育与经济密不可分。一方面，社会经济的发展为教育教学课堂提供了物质基础。另一方面，教育的发展又反过来促进劳动力素质的提高和智力的物化，从而有力地促进社会经济的发展。较高的经济发展水平能够保证资金的有效投入，将资金进行有效管理，在教育内部进行合理的分配，并使购置的教学硬件设备物尽其用，物有所值，能有效提高课堂教学效率。

4. 影响课堂的文化因素

教育活动本身就是一种文化现象，所以文化是影响课堂的重要因素。教育活动是传播社会文化的主要途径，课堂教学的教育目标是要培养有知识、有文化和有素养的人。社会文化以多种途径和方式影响着课堂活动。一方面，学校文化和课堂文化是社会文化的亚文化，它们受到主流文化、传统文化和符合社会规范的文化等社会文化的影响，并构成课堂的正式文化的主要内容；另一方面，那些社会的非主流文化、公共媒体传播的流行文化，也通过直接的社会生活对学生产生作用，会影响学生并将之带入课堂，在课堂中形成一种不同的文化。这两种文化经常相互冲突和矛盾，在这两种文化冲突选择下，学生的道德得到发展，并且在这种冲突中课堂教学得以进行。

5. 影响课堂的科学技术因素

科学技术是推动社会发展的重要力量，已经成为现代文明的重要标志和社会发展的重要生产力。在现代教育中，科学技术占据了主导地位，学校教育负责传播人类科学技术，并希望利用科学技术解决人类问题，促进社会的发展。科学技术也是影响课堂的重要因素，科学技术知识不仅是课堂教学的主要内容，而且现代科学技术的发展正在改变着课堂交流的方式和手段，正如现代最新的教育技术、互联网和虚拟实验技术等都在将传统的课堂放置于一种完全不同的环境里，进而改变着课堂。

6. 影响课堂的自然环境因素

自然环境是课堂的重要组成部分。自然环境因素主要包含学校及其周围的地理位置和环境。这些自然环境因素均会对课堂产生影响。例如，工厂、矿山的空气污染以及学校周围的环境噪声等会影响到学生的健康和课堂的组织；风雨、路途障碍以及交通阻塞会增加学生到学校的困难；学校周围的绿化情况等也会影响学生的注意力集中程度。

第二节 课堂教学的内涵

课堂是教师展现自身生命价值的舞台。就像指挥家诠释出美妙动听的乐章，歌唱家演唱出脍炙人口的旋律一样，教师也可以演绎出精彩纷呈的课堂教学。

一、课堂教学目标

射箭要有靶标，行车要有方向，课堂教学目标正是教学实践活动的方向标，对教学起着指向引导的作用。确立科学、具体、明确的课堂教学目标是教学得以顺利进行并取得良好效果的前提和基础。

教学目标是对教学行为的预期。不同的人针对不同的对象会制定不同的结果预期。根据预期者和预期主体的不同，可以把教学目标分为三个层次：国家或某类教学最高主管部门的教学预期，即教学总目标；学校预期，即学校教学目标；教师预期，即课堂教学目标。

具体来说，课堂教学目标是教师在教学总目标、学校教学目标的指导下，结合所教授学科的性质和特点以及学生的具体情况，对课堂教学提出的预期结果。根据概括水平不同，课堂教学目标包含三个层次，分别是学科教学的目标、单元教学的目标和课时教学的目标。

二、课堂教学的基本环节

课堂教学是个动态发展的过程，主要包括以下几个基本环节：课堂教学的准备、课堂教学的实施以及课堂教学的效果评价，每一个环节都是相对独立的，发挥着各自的作用，同时各环节又是相互联系、相互衔接的。下面分别对这几个环节进行介绍。

1. 课堂教学的准备

"凡事预则立，不预则废"，教学准备是课堂教学的首要环节。课堂教学准备环节的质量直接影响着教师的教育教学的效果和学生的学习效果。如果将上好一节课比作一场精彩的演出，备课就是正式演出前的精心准备。"台上一分钟，台下十年功"，课堂教学也是如此。教师为了上好一节课，需要花费大量的精力进行备课，在课前和平时备课中每多投入一份精力，就会在教学中收获精彩的效果，所以课前准备是上好每一节课的前提条件和基本保障。

除了做好充分的备课外，教师还要做好候课工作，打了预备铃就到达教室，在候课阶段教师及时给予学生课前准备工作的指导，安抚学生情绪，确保学生在打上课铃时快速进入上课状态，为创造良好的课堂教学秩序做好铺垫。

2. 课堂教学的实施

课堂教学的实施即完成课堂教学的导入、展开、结束过程。课堂教学的导入即还未正式进入新内容学习的教学阶段，教师可以酝酿学生的情绪，带动学生的学习兴趣，渗透主题，创设学习情境。教师课堂教学的导入语若能做到简单明了、生动活泼、适宜、富有幽默感，就可以非常有效地吸引学生的注意，并引发学生建立起旧知识与新知识的桥梁，使学生进入最佳学习状态，进而实现有效教学。

课堂教学的展开，即师生围绕教学目标展开实际的交互活动，是课堂教学最复杂、最关键的阶段，包括感知新经验、理解新经验、巩固新经验、运用新经验四个过程。第一，感知新经验，就是对教学内容进行初步的把握，使学生通过对新事物、新现象的感知，形成正确的表象和概念。课堂教学内容主要通过书本知识呈现，书本上的知识一般以抽象的理性知

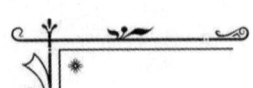

识为主，具体表现为概念、定理、公式、原理等。学生要掌握和理解理性知识，必须以一定的感性知识为支撑。教学中学生获得感性知识的途径有两种：一是直接感知，学生通过直接的观察、实验、实际操作等方式进而获得直观感受；二是间接感知，即学生通过教师的教具展示、语言描述，逐步由直观到概括。第二，理解新经验，就是要掌握书本上的理性知识，将感性知识上升为理性知识，认识事物的本质与规律。这是整个课堂教学的中心环节。在这一阶段，教师要努力帮助学生将新经验与原有知识经验联系起来，并对新经验进行分析与综合、抽象与概括，弄清事物的结构、特性与功能等。这个环节是不断深化的过程，不能一蹴而就。逐渐增加学生理解的丰富性、灵活性和深度，关键是使其维持积极的思维活动。所以，教师工作的重心应放在拓宽学生思路、引导学生探索、教给学生思维方法、培养学生思维能力等方面。此外，教师还应注重学生观察力、记忆力和想象力的培养。第三，巩固新经验，是指学生要把所学的新经验牢固地保存在记忆中。书本知识、间接经验较直接经验更容易遗忘，学生只有及时巩固新获得的经验，才能为后续学习打下坚实基础，才能将经验运用于实践中。此阶段中，教师在向学生提出记忆要求的同时，应注意帮助学生掌握记忆的方法和策略。如利用系统结构图、网络关系图、列提纲、画流程、整理思维导图等方法整合新经验的结构，帮助学生认识和掌握记忆的规律。另外，教师还可以布置练习和复习任务，帮助学生巩固新经验。第四，运用新经验，就是将所学知识运用于实践。对新经验的运用将帮助学生加深对书本知识的理解，帮助学生发展分析问题和解决问题的能力，并提高他们的创造力。在此阶段，教师可以在课堂教学中指导学生通过练习、作业、实验等形式对新经验进行运用。需要注意的是，练习、作业应力求灵活多样，避免简单机械的重复，以保证学生学习的热情和积极性，发挥练习、作业在运用新经验、培养创造力等方面的积极作用。

　　课堂教学展开的四个环节往往是交织进行的，可以有不同的先后顺序和组合方式。比如，学生可能从对新经验的感知开始，逐步获得新知识、巩固新知识、应用新知识；也可能在学习的开始就遇到一个需要解决的实际问题，在调动、运用原有知识经验解决该问题的过程中，学生需要寻找有关的新信息，进行各种推理活动，逐步发现、建构新知识。

课堂教学实施的最后一个阶段是总结课堂即课堂教学的结束，它作为一个短暂的教学阶段，却是学生最有可能出现课堂问题行为的阶段，也是教师最难控制和调节课堂进程的时间。教师把这个短暂的教学阶段做好，对维持正常的教育教学秩序并成功完成一节课的教学任务很重要。教学组织工作做得好，一节课从头到尾就组成了一个完整的教学过程。

3. 课堂教学的效果评价

课堂教学的效果评价是按照一定的课程理念和教学目标对教学过程及其结果进行综合、全面、客观的价值判断的过程。教学效果评价是课堂教学的重要环节，科学的评价体系是实现教学目标的重要保障。首先，有效的教学效果评价可以使学生在教学过程中不断体验进步和成功，认识自己，树立信心，提高学生的学习能力，掌握所学内容。其次，有效的教学效果评价，使教师能够及时地获得有关课堂教学的反馈信息，反思并调整其教学的行为，同时帮助教师提高教学水平。最后，有效的教学效果评价使学校能够确定课程标准的执行情况，改善教学管理，促进课程的持续发展和改进。

三、课堂教学的构成要素

课堂教学是一个有机的、完整的和动态的过程，由几个相互联系的元素组成。详细地说，课堂教学构成的要素包含课堂教学目标、教师和学生、教学内容、教学方法和手段、教学组织形式以及课堂教学环境。

1. 课堂教学的出发点——课堂教学目标

教育是一种有目的的社会实践活动，目的性是人类实践活动区别于动物本能的根本所在。在教学之前，教育者的头脑之中一定会存在关于教学

的预期结果，课堂教学活动的预期结果就是课堂教学目标。课堂教学目标作为教学活动的出发点和归宿，是贯穿于整个教学活动始终的。教学目标决定着课堂教学的方向，对课堂教学起着导向、激励、调控和评价的作用。

2．课堂教学的参与者——教师和学生

教师和学生是课堂教学活动的共同参与者，二者既相互独立，又密切联系，离开任何一方教学活动都无法正常进行。首先，教师和学生相互独立，二者的职责有显著差别。教师的主要职责是传递知识和技能，学生的主要任务是接受教师的教育，学生的学习需要教师的正确引导，双方不能相互替代。其次，教师和学生又是相互联系、相互制约的，即所谓的"教学相长"。在课堂上，师生之间应该建立亲和的对话平台、沟通对话的渠道，让学生觉得教师不是教学内容的垄断者，更不是课堂教学的主宰者，不是所有的问题都由教师一言堂，而是在教师的引导下产生思想的碰撞，建立公平自由的面对面交流。

3．课堂教学的中介——教学内容

课堂教学中，教师对学生的教育主要是通过向学生传递科学文化知识来实现的，在此基础之上促进学生各方面和谐发展。教师在课堂上所传递的科学文化知识，就是通常所说的教学内容，是教师对学生施加教育影响的必不可少的"中介"。传统教学内容界定在课程标准、教材和课程范围内，但这三者只是教学内容的载体形式，作为动态的课堂教学，标准、教材等物化形式不能完全满足教学内容的全部内涵。因此随着新课程改革对教学理念的升华，教学内容的范畴扩展到为达成教学目标而形成的素材和信息。因为教学内容为教学目标服务，所以教师需要精心设计教学内容来优化课堂教学、提高教学效率。教师对自己的教学内容要有明确的认识，知道教授此教学内容的目的是什么，教学内容是什么，如何计划组织教学内容，等等。这样学生才能学得明白，学得透彻，学得有劲头。新课程背景下，选择教学内容应依据以下三条原则：

首先，把握基础性。人类正处于知识爆炸的时代，文化知识十分丰富，课堂短暂的四十五分钟，能够传授给学生的知识极其有限。教师应该按照课程标准和教学大纲的要求，选择基础性的知识进行教授，使学生以此为基础，能够举一反三、触类旁通，自主扩大知识范围。

其次，讲究趣味性。兴趣是激发学生学习的动力之一，教学所选择的内容应尽量符合学生的兴趣，同时不要过于追求教学内容的趣味性，会分散学生的注意力，造成舍本逐末的后果。

最后，突出时代性。教学内容源于现实生活，因此选择的教学内容应贴近实际生活，适应社会生活的变化发展，跟上时代的步伐，这样才能使学生更轻松地掌握所学知识，并能够学以致用。

4. 课堂教学的基本保障——教学方法和手段

教师要把科学文化知识传递给学生，促进学生的全面发展，必须借助一定的方法和手段。有效的教学方法和手段是完成教学任务、实现教学目标的基本保障。

（1）课堂教学方法

教学方法是在教学过程中教师和学生旨在达成共同的教学目标，完成共同的教育教学任务而使用的方式与手段的总称。按照教学方法的外部形态和这种形态下学生的认识活动的特点，可以把常用的教学方法划分为：以语言传递信息为主的方法、以直接感知为主的方法、以实际训练为主的方法、以欣赏活动为主的方法、以引导探究为主的方法。选择教学方法，可参考以下几个方面：

①课堂教学目标。教学方法为实现教学目标服务，特定的教学目标往往要求选择特定的教学方法去实现。例如，教学目标是向学生传授知识技能，选择讲授法比较合适；教学目标主要是培养学生自学能力、自我教育与自我管理能力，最好选择以学生自主活动为主的方法，如读书指导法、发现法等；教学目标是提高学生的口头表达能力，则宜采用谈话法、讨论

法等。

②课堂教学内容的特点。教学内容的不同也制约着教学方法的选择。一般来说，不同的课程和科目需要不同的教学方法，语文、外语多用讲授法，物理、化学常用演示法。尽管教学目标相同，但是学科性质不同，也需要采用不同的教学方法，比如同样旨在培养学生的动手操作能力，生物、物理、化学等学科一般采用实验的方法，而音乐、体育、美术通常采用练习法。

③学生的实际特点。教学方法的选择还应考虑学生身心发展的特殊性，针对不同年龄和思维水平的学生采取不同的教学方法。发现法和讨论法通常不能使思维水平较低的学生达到预期的教学目标。学生的思维方式差异和人格差异也会影响他们对不同方法的喜好及适应性。如有些学生需要在教师讲解之后才能把知识清楚地掌握，而有些学生需要通过亲身实践操作才会印象深刻，还有些学生会对经过充分讨论的知识或者自己发现的知识过目不忘。这就要求教师综合运用各种教学方法，满足各类学生的不同需求。

④教师的自身素质。教师素质主要表现为：语言表达能力、思维品质、教学技能、教学艺术风格、教学组织与控制能力等。任何一种教学方法，只有在教师具备了一定素养并为教师充分理解和把握之后，才能真正发挥其功能和作用。例如，有的教师形象思维水平高，能用生动形象的语言把问题的现象和事实描绘得生动具体，然后从所讲事实出发，由浅入深地讲解剖析，这一特长适用于信息传递为主的教学方法。教师需要首先正确了解自己的素质和教学方法，才能选择正确的教学方法；其次，他们需要发挥长处，避免劣势，并根据自己的特点选择合适而有效的教学方法。

⑤教学环境条件。教学环境条件主要指教学设备条件（信息技术条件、仪器设备条件等）、教学空间和教学时间条件。教学环境条件对教学方法的选择有一定的制约作用，比如，讨论法、发现法需要较多的时间，实验法对仪器设备的要求较高等。所以，教师在选择教学方法时，要在时间、条件允许的情况下，最大程度地运用课堂教学环境条件，使其发挥应

有的作用。

（2）课堂教学手段

课堂教学手段是传递教学信息的媒体和教学的辅助用具，包括自学校产生以来在教学中逐步采用的黑板、粉笔等传统教学手段，还包括电教媒体、网络课堂等。

苏霍姆林斯基曾说："如果教师不想办法使学生产生情绪高昂和智力振奋的内心状态，就急于传授知识，那么这种知识只能使人产生冷漠的态度，而给不动感情的脑力劳动带来疲劳。"因此优化课堂教学手段，可以激发学生学习兴趣，调动学生学习的积极性，创设乐学情境，为提高教学效率奠定良好基础。例如，上复习课、练习课，教师把各类题型等制作成幻灯片，或者以电子竞赛形式呈现，可以增加试题考核范围，减少板书、抄题、擦黑板的时间，也就增加了学生掌握知识的时间，教师能腾出更多的时间和精力指导学生，使课堂教学密度加大，训练强度提高，从而提高了教学效率。在学习心脏及血液循环的内容时，心脏内部结构复杂，心脏的活动规律多样，教师如果只用干巴巴的语言讲述，难以全面形象表达知识要点。教师可以先用电动模型展示心脏搏动的顺序及房室瓣、动脉瓣的闭合，血液循环的途径以及血液在不同的毛细血管中的变化、血液的颜色变化，让学生仔细观察它们的变化过程，同时结合多媒体课件放出的色、音、像、形，为学生展现立体动态的生理结构及活动过程，使学生如临其境地观察到平日难以见到的微观景象，再配合教师简洁生动的解说或富有启发性的提问，学生必将收到良好的教学效果。

5. 课堂教学的组织保证——教学组织形式

教学组织形式是关于教学活动开展在人员配置、时间和空间安排等方面形成的特殊方式、结构和程序，是课堂教学顺利进行的组织保证。随着新课程改革的发展，在教学中学生的主体地位正受到越来越多的关注。新的课程改革强调"自主、合作、探究"的教学方式，它要求建立一个与新的教学方式相适应的新教学组织形式。学生的个体差异和社会对人才的多样性需求,决定了课堂教学组织形式的多样性和灵活性。

6. 课堂教学的客观条件——课堂教学环境

影响课堂教学活动的客观条件——课堂教学环境,一般包括物理环境和心理环境两个方面。物理环境主要包括教学的自然环境、设施环境和时空环境,是课堂教学顺利进行的物质条件。良好的教学物理环境有利于营造积极的教学心理环境,有利于运用多样灵活化的教学方法,有利于选择综合个性化的教学组织形式,有利于促进学生的成长和发展。心理环境是由课堂内部所有人的心理要素所构成的一种无形的"软环境",是课堂教学活动赖以进行的心理基础,由班风、人际关系、课堂心理气氛等因素构成。良好积极的课堂教学心理环境,可以成为传授知识、培养情趣、启迪智慧、提高觉悟的催化剂。心理环境的营造需要教师以自身的人格魅力感染学生,以倾听、接纳、欣赏的方式鼓励学生,以民主、和谐的教学作风组织教学。

第三节　课堂教学组织与管理的关系

一、课堂教学组织的内涵及形式

课堂教学组织就是对教学活动的各种因素的安排、组合或者"联结"。课堂教学组织就是把参与教学的人和物"组织"起来，使"教学"有秩序、有效率地展开。除师生外，学生的父母和其他社区成员有时也会参与教学。此外，教学活动的开展与环境、教学材料、教育设施、技术等要素密不可分，总的来说，这些要素可以视为教学活动的中介。

不难理解，组织起来的各种教学活动的因素的"形式"可以是多种多样的。学校和教师会采用哪种形式来组织教学，取决于教育者对教学任务的理解，也取决于社会发展的程度、教学技术与设施条件等。在最初的学校里，教育的规模比较小，学生数比较少，在这样的情况下，教师通常以师傅和学徒的形式进行教学，这就是所谓的"个别教学"。

当一个学校中的学生达到几十个、几百个的时候，采用个别教学的形式显然就行不通了。一大群孩子进了学校，他们的年龄和经验存在着很大的差异，"教学"如何展开？于是教师会采用"分级""编班"的方式对他们进行教学。17世纪捷克的夸美纽斯是最早对班级授课制进行详细研究和规定的教育家，他认为采用分班级上课的形式，将会获得最高的教学效率，可以"把一切知识教给所有的人"，从夸美纽斯系统阐述班级授课制开始，班级授课制从来都是学校组织教学的基本形式。

采用班级授课制进行教学也会产生明显的问题。一方面，尽管是同一个班级中的学生，但学生个体存在差异性，不能把学生看作是"规格"和"型号"完全相同的"材料"进行复制加工量产；另一方面，现代学校的校园环境和技术装备改变非常大，现代信息技术改变了人们之间的联系方式，进而影响着教学组织的展现形式。因此个别教学和班级授课制的教学组织形式正向多样化的方向发展，主要形式包括以下几种：

1. 基于能力差异的分组教学

教师根据学生学习程度的不同，把同一个班级的学生分成若干小组，小组内学生能力相近或差异不大，针对每个小组设定不同教学目标，给予不同的学习任务，形成组内独特的学习方法和不同的学习进程。

2. 基于合作的分组教学

教师将学生分为若干小组，旨在帮助学生相互形成一种合作关系，来共同地完成教学任务。这些小组有时相对固定，也可根据教学任务的需要灵活组织。

3. 开放式教学

教学不再按班级组织，取消了传统的班级制度，个别指导代替了集体教学，把教室改为各科作业室。按学科性质在各科作业室设置相应的教学工具，在相应的作业室里配备一名或两名相对应的教师对学生进行个别指导，学生在学习公约上签字，公约上是自己的学习计划和进度，但是，在一个作业室内的学生会在一起讨论和研究课题。开放式教学给传统意义上的"课堂""班级"带来了全新的挑战。

4. 小班教学

在传统的班级授课制中，一个班级的学生通常有很多，50—70人。夸美纽斯阐述的班级授课制认为，一个班级中有300人，同样可以集体教学。然而，大家都知道，班级里的学生过多，教师会因为组织和管理课堂负担过重，而产生操作困难，影响教学效果。而小班教学中班级学生少于20人，人数较少可以让教师对教学过程控制得更富有创造性。

5．小队教学

小队教学是针对课堂组织教师而言的，通常在同一个班级内有两个以上的教师，并且教师以"集体"的形式共同准备整个教学过程，共同与学生交流、对话。

6．协同教学

协同教学更多地关注和需要家庭在教学组织中的重要作用，需要把教师、家长和学生全都组织到一起配合教学。这种教学方式的出现对学校传统的教育形式提出了质疑，这种教学方式更注重全社会参与教学的重要价值。

7．网络化教学

由于信息技术高速发展，网络化教学应运而生。在网络化教学模式下，学生和教师通过网络媒介相互交流，更加直接方便，不受地域和时间的限制，从而使得教学模式发生了根本性的变化，在得到网络化教学的便利的同时，人们开始质疑传统教学还有没有存在的必要。

8．实践教学

传统教学方式最大的特点就是教师讲解课程后，学生被动地接受，这样学生接受的程度相对不是很高，消化不全面。而通过学生自己实践理解的教学方式，学生能够更好地理解和吸收所学知识，这种教学方式称为实践教学。

二、课堂教学管理的重要性

课堂教学管理以课堂教学的整个过程为目标，遵循课堂教学活动规律，使用现代教学管理原则，实施、监控、维护、促进和改善课堂教学活动，并最大程度地提高师生热情，以确保课堂始终能够进行有意义的教学，学习活动以有效实现课堂教学目标为主。在课堂教学中，教师除了执行"教学"任务外，还执行"管理"任务，该任务使得教学形成了有序的整体，教师通过协调和控制教室中的各种管理要素的关系来确保教学顺利进行。

从广义层面讲，课堂教学管理主要包括：课前管理（准备）、课堂中管理（过程）和课后管理（完善）三个环节。从狭义层面讲，主要指课堂教学过程中的管理，包括以下两个方面：

（1）课堂教学进程的管理。课堂教学进程的管理有以下几个要点：第一，课堂教学节奏的处理，即对课堂教学过程中教学速度、强度、密度等在时间上以一定的次序有规律地交替出现形式的把握。第二，课堂教学环节的管理，即对课堂教学过程中几个外在的活动阶段的把控，主要包括导入、展开、结束三个部分的管理。在导入部分，教师需要把握住课堂导入技术的重要内容，引起学生的新鲜感，同时可以刺激学生的学习兴趣和动力，构建起学生对已经学会知识的知识框架，同时建立起与新知识之间的联系等。展开部分是课堂教学的主体段落，是实现课堂教学目标的根本载体，在这一环节中，教师需要把握住的几项重要内容有：维持、提高学生的学习积极性，控制教学的节奏，处理课堂教学过程中的偶发事件和问题行为等。结束部分是课堂教学的最后环节，主要目的是完成课堂教学的有序收尾。

（2）课堂教学秩序的调控。课堂教学秩序关乎学生参与课堂教学活动的程度，关乎学生注意兴奋点所在，学生学习积极性和主动性的调动。基础教育新的教学模式开展以来，由教师主导向学生自主学习过度，激发学生的自主性、教师的主导性，强调课堂教学中的合作学习、探究学习、自主学习，因此，课堂教学秩序的把握显得尤为重要。首先，课堂上学生注意力的调节是指教室中某些对象的选择和集中。学生对课堂的兴趣直接影响课堂活动和课堂纪律的有效性。其次，课堂思想能否在课堂上正确处理，在一定程度上取决于教师的教育能力。这也取决于教师是否掌握了某些应急方法和技能。最后，课堂问题行为管理是影响课堂教学秩序的重要因素，是一种需要教师大量精力投入的管理类别。

新形式下的教学方式要求教师和学生在课堂的进行中做到：（1）从教师授课为主向以学生学习为主转变；（2）教师转变角色，从权威者到合作者；（3）教师改变教学方式方法，从"满堂灌"到引导式；（4）转变学生的学习方式，从接受学习到合作学习。随着新课程改革的逐步深入，教师应有意识地以新课程教育理念为指导，更加注重与学生积极互动、共同发展；有意识地逐步培养学生的独立性和自主性，并指导学生提出问题，进行调查、探索和实际学习；积极创建尊重学生品格，关注个体差异，满足学生其他学习需求并引导学生积极参与的教育。这种情况激发了学生的学习热情。

三、课堂教学组织和课堂教学管理的关系与意义

（一）课堂教学组织与课堂教学管理之间的关系

课堂教学组织和课堂教学管理是相互依存、相互渗透的。两者并存于课堂教学过程中，实施的时间和地点基本相同，有共同的目标，即确保教学活动的顺利进行，促进并实现教学目标。一个有效的课堂组织可以帮助建立和维护良好的课堂秩序，减少课堂管理；有效的课堂管理可以帮助教学组织平稳运行。在大多数情况下，两者彼此渗透很难分离，组织过程渗透管理要素，管理过程包括组织要素，这两个要素紧密交织。

从两者的区别看，课堂教学组织与课堂教学管理是两个不同的范畴，具有不同的外延和侧重点，课堂教学组织侧重于课堂教学的基本方面，课堂教学管理侧重于为课堂教学组织的顺利发展提供良好的课堂秩序和教学环境。

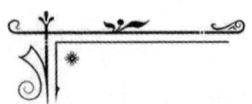

（二）课堂教学组织和课堂教学管理的意义

教学是学校的核心任务，课堂教学是实现学生知识、技能、素养全面提升的主要途径。为了促进课堂教学活动的顺利进行并实现预定的教育目标，有必要维护好课堂秩序。

1. 确保教学活动的正常进行

课堂教学的效果体现在课堂的秩序中：在一个无序的课堂中，教师如何对讲好书有信心，学生如何更好地开展各种学习活动呢？只有师生遵循课堂规则，自觉维护课堂秩序，确保课堂教学顺利进行，才能使课堂教学行之有效。教师和学生是否遵守课堂纪律并维护课堂秩序，取决于课堂教学的组织和管理。因此，良好的课堂教学的组织和管理可以确保教育活动的顺利和正常进行。

2. 增强培训效果

课堂教学的组织和管理会影响课堂气氛的营造，良好的课堂气氛有助于提高课堂的有效性。

课堂活动是教师、学生和教育环境之间的互动过程。课堂教学的效果取决于教师的教学方式和学生的学习方式，以及教学环境的稳定性。课堂教学氛围通常表示课堂的特定主导态度和综合情感状态，个别学生的态度和感受并不构成课堂气氛。但是大多数学生的态度和感受形成了一种综合的优势状态，就形成了教室的课堂氛围。形成课堂教学氛围后，这种氛围通常可以持续较长时间，从而影响并控制教师和学生对课堂的参与度。因此，创造有效的课堂环境是进行有效教学的重要条件。

3. 建立良好的师生关系

良好的师生关系的形成和变化取决于师生满足其需求的程度。在课堂教学中，如果教师与学生在课堂教学组织和管理方面配合得当，会使学生目标明确，并享受学习和活动带来的小组生活体验，增强人身安全感，提高学习效果。学生将会对课堂教学中的教师表现出友好和感谢，让师生关系朝着积极的方向发展。因此课堂上师生之间良好人际关系的形成有赖于教师良好的组织和管理。

四、课堂教学组织与管理的影响因素

影响课堂教学组织和管理的因素，可以分为客观因素和主观因素。

（一）客观因素

1. 教室环境

教室内外的声音、卫生状况、颜色等都直接影响教学。研究表明，安静优雅的学习环境有助于学生学习，人在一个优美的环境中，心情才能愉悦，思维才能活跃，因此学习环境是影响课堂教学组织与管理效果的因素之一。

2. 班级规模

班级容量是影响课堂组织与管理的又一因素，如果班级容量过大，管理跨度就大，教师在管理上很容易顾头弃尾，不能照顾到每个学生。

3. 座位安排

教室座位可分为传统形、矩形、圆形、马蹄形和开放式。它们对开展教学活动和提高教学效果各有其影响作用，但从组织与管理的角度看，还是传统式为好。研究发现让学生在教室里一排排坐，学习效率比围桌坐高一倍。学生由围坐改成排坐或对坐以后，他们"集中精力听课"的时间增加了。教学时让学生围坐是为了便于开展小组活动，但在他们需要独立学习的时候，应仍然保持传统排座的形式。

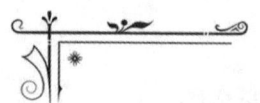

4. 师生关系

教师的威信来自学生对教师的认可，有威信的教师用轻描淡写的语句或漫不经心的面部表情就可以使混乱的教室迅速变得安静。为了建立教师的良好声誉，有必要加强自我修养；第一堂课一定要精心设计，给学生一个良好的印象，在今后教学中将这种良好的印象持续下去，就会给课堂教学的组织与管理带来事半功倍的效果。

良好的师生关系是课堂教学的基础。师生情感分离将严重阻碍课堂教学，浓厚的师生情感使学生能够自觉遵守教学中的各种规范。因为有了感情，学生会学习他不感兴趣的知识；对立的师生感情，可能会使学生将自己感兴趣的事物都放弃。所以教师在教学中应该充分体会学生的感受，做到换位思考。

5. 教学内容

教学内容是指在有限的课堂时间内教给学生的知识量。在课堂上需要大量的信息时，教师必须根据学生的实际情况进行准备。信息量过少，必然导致课堂松散；信息量过大，学生难以接受，影响学习积极性。一节课的教学信息量，以学生恰好接受为准。在教学中，教师不能只是再现课本内容，使课程如同一碗白开水，毫无味道，这不仅使学生丧失学习兴趣，而且也不能满足学生对知识的需求，从而影响学习的整体效果。

6. 教学节奏

教师在课前如果没有认真备课，不明确教学重点和难点，不了解学生情况，不注意课堂反馈，机械训练、重复训练，板书过慢、过多，课前仪器准备不足，语速慢，语言不简练等，都会造成教学节奏慢，课堂教学气氛沉闷，师生间难以交流，教学效果下降，从而导致学生厌学。如果教学的节奏太快（语速过快、问题一个接一个、活动安排频繁），学生的思维就很难跟上教学的节奏，从而产生畏难情绪而容易出现分心的情况。

7. 教学时间

教学时间安排是否科学合理，对教学效果影响很大。为避免浪费教学时间，教师必须首先确定教学环节，其次，选择适当的时间来处理学生的行为，以避免打破课堂规则并发生冲突的情况。如果教学时间安排得科学合理，就能保障各项教学活动顺利开展和衔接，也大大减少了课堂教学组织与管理的工作量。

8. 教学技术

教学技术使用得好不好对教学活动和教学效果也有相当大的影响，现代化教学技术，特别是多媒体教学技术，可以有效地提高教学效果和教学效率。仅使用现有的教学方法，不善于充分利用现代化教学手段，如录音、投影、多媒体、录像、模型、手工实践等，将会使传授的信息单调，信息量少，不利于学生各种感官的综合利用，学生容易出现疲倦的现象，不利于开展各种教学活动，增加了组织与管理的难度。

（二）主观因素

虽然在影响课堂教学的组织与管理效果的主观因素中师生双方都有，但由于教师是课堂教学的组织者、领导者，起着主导作用，因而教师层面主观因素的影响会更大，在这里主要探讨教师主观因素的影响。

1. 教师的教学理念

思想是行动的源泉，教师有什么样的教学思想，就有什么样的教学方式。在课堂教学组织和管理中，教师只有拥有正确的教学组织和管理理念才会有正确的组织管理行为。教师需要在课堂上组织正确的纪律、秩序，在组织和管理时就必须思考这些问题：什么样的课堂秩序才能保证教学顺利进行？如何组织才能形成良好的课堂教学秩序？怎样管理才能维护正常的课堂教学秩序？不同的教师教学理念所形成的组织和管理行为，就会产生不同的教学效果。

2. 教师的人格

教师的人格影响是形成学生和谐人格的重要途径。心理学研究表明，教师的人格有两个重要的特征，它们对教学效果有很大的影响，一个是教师的热心和同情心，另一个是富于激励和想象的倾向。教师的人格应该基于对真理和善良的升华，以尊重科学、追求真理和为人正直、坦率诚挚为内容，以爱为中心的一种动机，是建立在伦理基础上的道德自觉，即博大真诚的教育爱。

教师的人格魅力主要是通过教学过程来实现的，教师知识的丰富和渊博在教学中体现为旁征博引、深刻论证、信手拈来，这些无不深深地吸引学生。教师上课时循循善诱、满脸笑容，无不时时打动学生的心，所有这些都充分体现了教师的人格魅力影响到课堂教学的组织与管理的效果。

3. 教师的精神状态

在课堂教学中，教师的心理状态，尤其是情绪，对课堂教学有很大的影响。因为在当下教师在课堂教学中仍然起着主导作用，甚至左右着教学活动的方向，教师的心态直接影响着课堂的教学气氛，师生交往的模式影响着教学活动能否顺利进行。

心理学研究实验表明，教师以高兴愉快的情绪教学，从幼儿园、小学到初中，在课堂上学生的学习效果会比教师以普通情绪教学的情绪状态有些许提高。而教师以消沉、低迷的情绪来上课，比普通情绪教学的当堂教学效果降低。可见教师居于班级团体的领导地位，是创造课堂的气氛、改变教室情境的主要影响者，其有助长课堂效果的作用。

4. 教师的教学机智

课堂教学是千变万化的，在课堂上偶发事件是常有的。如果教师缺乏教学机智，简单化处理，就可能会事与愿违，造成课堂教学程序混乱，使课堂教学不能顺畅地进行。如果教师运用自己的聪明才智，敏捷而恰当地处理偶发事件，不仅能使教学顺利进行，也常常会在不经意中培养学生的其他能力，增强教师的威信，达到比预期更好的教学效果。

第四节 课堂教学组织与管理的原则

一、课堂教学组织的基本原则

1. 目标导向原则

目标导向原则是指教师在展开、推进、调节课堂教学各个基本环节时，始终需以实现课堂教学目标为根本目的和指导原则，使课堂教学活动沿着既定的正确方向进行，而不偏离课堂教学最重要的目的——实现教学目标，包括改变学生的知识和能力，学习过程和方法，感觉、态度和价值观。

在课程中，教师必须控制和协调与教学有关的各种活动（搜索学习活动、合作学习活动等）的目标定位，并且教师不仅要在课前教学设计中阐明教学目标，而且还要阐明教学行为与教学目标的内在联系，清楚地说明教学行为如何实现教学目标，并旨在最终实现教学目标。

2. 利益动机原则

利益动机原则是指教师使用各种灵活、适当的方法来激发学生的学习动机和兴趣，从而成为学习活动和调动学生学习积极性的积极因素。须遵循以下基本要求实施此原则：

教学过程中，教师根据自己的教学目标采取不同的教学方法，培养和激发学生的成就动机,激发学生的学习兴趣。成就动机理论认为,当人们从事某些对他们来说重要和有价值的事情并努力使其完美时,就会为成功的内在动机而努力。一些心理学家认为,实现动机有两种倾向:一种是追求成功的动机,另一种是恐惧或避免失败的动机,上进心强的人更有可能选择中等难度的任务。那些害怕或避免失败的人会选择他们肯定会成功的任务,或者选择他们认为会失败的任务,因为即使他们失败了,他们也会找到适合自己的借口。因此,教师应针对教学成就方向不同的学生安排不同的学习任务,并采用不同的教学方法来培养和激发学生的成就动机。

教师必须根据课程内容的性质,采取适当的方式来开设新课程,并充分调动学生的积极性。熟悉开设讲座课程的基本要求,并注意方法和技巧,从而更好地引起学生的注意和思考,为进一步展开教学做好铺垫。课堂教学的开讲导入方法有很多,例如,设疑导入,在学生心理上引起悬念,使学生处于暂时困惑状态,进而激发解疑的兴趣;观察导入,教授新知识之前,教师先让学生观察有关事物,可以很好地培养学生的观察能力、增强学生的问题意识、调动学生的思维。

教师应对学生良好的行为表现给予及时、适切的激励与支持。行为主义学习理论强调外部环境对学习有决定作用,其观点认为学习过程是借助于一定的条件之后,有机体形成刺激与反应的联系,进而获得新经验的过程。对行为的强化应遵循以下几条原则:第一,教新任务时,进行及时强化,不要延缓强化;第二,在学习的早期阶段,强化每一个正确的反应,随着学习的发生,对正确的反应优先强化,强化要保证做到朝正确的方向促进或引导。

3. 启发引导原则

启发引导原则是指教师在课堂教学过程中充分尊重学生的学习主体地位,发挥教师的引领、辅导作用,使学生成为学习经验获得的真正主人,而不是教师强制灌输的被动的知识容器。利用启发引导原则进行课堂教学组织要遵循以下基本要求:

教师在课堂教学中应充分发挥主导作用。具体地说，就是在教学过程中教师位于领导者、组织者和教育者的地位，掌控教学方向和教学目标，调控教学过程并指导学生的学习。建构主义的观点是在教师的指导下，以学生为中心的学习，学生的主体作用与教师的主导作用相结合，教师要帮助和促进为学生意义建构，促使学生在复杂的真实问题情境中主动建构自己的知识结构，获得认知经验的增长，促进认知结构的改变。

教师应该多使用启发性的教学方法，提高学生的思考能力，让学生自主建构自身的认知结构并增长知识经验。我国古代《礼记·学记》对教育教学的原则和方法进行了比较详细的阐述，"君子之教，喻也"，教学要注重启发诱导，注意"道而弗牵"，教师引导，但又不牵着学生鼻子走；"强而弗抑"，督促勉励，又不勉强、压抑；"开而弗达"，打开思路，但不提供现成答案。常用的引导方法包括：第一，适时设问以引起学生的主动性，参与教学活动的思考，要在学生"心求通而未得""口欲言而未能"的状态下提出适当的问题，坚持"不愤，不启；不悱，不发"的引导性原则；第二，逐步增加问题深度，使学生对所学内容的理解进一步加深，提高学生分析、解决问题的能力。

教师应充分尊重学生学习的主体地位，构建和谐、民主、平等的师生关系，学生只有在这种师生关系中，才能真正成为学习的主体；通过教师与学生之间、学生与学生之间的共同探索，相互交流与质疑，才能使教学产生丰富的意义。

4. 循序渐进原则

循序渐进原则是指教师在教学内容的组织、教学进程的安排方面，根据学科本身的逻辑层次、学生的身心发展的顺序以及学生学习的规律，持续、连贯、有条理地进行教学组织，使学生形成严密的逻辑思维能力，扎实掌握基础知识和基本技能。利用循序渐进原则进行课堂教学组织要遵循以下基本要求：

结合教学内容的逻辑结构和学生的认知发展规律来进行教学。任何一门学科的知识,都具有严密的逻辑结构、完整的知识体系,本身有"章"可循。学生的认知发展也遵循一定的心理学规律,儿童心理或思维的发展划分为四个阶段,即感知运动阶段、前运算阶段、具体运算阶段、形式运算阶段,根据这一理论,教师在教学过程中应按照从具体到抽象、从简单到复杂的顺序,调整好教学内容的安排、组织及教学的步调。否则违背学生的认知发展规律,只能导致学生囫囵吞枣、整体学习兴趣降低。

了解教育活动的节奏,调整教学活动的快慢,突出教学的重点,克服教学中的困难,并注意教学内容的细节,由浅入深,由易到难,由简到繁。教学必须遵循一定的顺序——内容的顺序和年龄的顺序,杂乱施教而无合理的顺序,其效果将适得其反。因此,课堂教学需要调节好教学的节奏,做到快慢适度、详略得当、收放自如、强弱搭配、动静相宜,从而调动和维持学生的注意力、学习动机、学习持续关注力,保证课堂教学效果。

5. 理论联系实际原则

理论联系实际原则是课堂教学中把理论知识与生活实际相结合,将理论知识应用于解决现实的问题,同时又用实际问题反过来论证理论知识,使学生在知识与经验的结合中把知识理解和掌握,培养学生用知识来解决实际问题的能力。利用该原则进行课堂教学组织要遵循以下基本要求:

加强基本理论和基础知识的教学。赞科夫的教学原则之一是"重视理论知识在认识中的指导作用",布鲁纳则重视学习学科的基本结构,重视基本概念、基本原理及其相互关系,所以课堂教学中基础知识、基本理论的教学占重要地位。新一轮基础教育课程改革中,课堂教学的基本理念和指导思想发生了重大变化,强调教学过程中学生的主体性,注重教学目标的多元化,强调学习方式的探究性、合作性和自主性,然而这并不是否定基础知识的重要性,更不是对基础知识的抛弃,基础知识、基本理论仍然是教学内容中最重要的基础部分。

加强联系对于学生经验来说具有现实的意义。教师应根据课程的内容、课程的任务、认知发展和学生的发展水平，选择对课堂内容重要的学生体验。苏联教育学家维果斯基的"最近发展区"理论认为，儿童现有的发展水平和可能达到的发展水平之间的差距是一定的、有限的，因此，教师对课堂教学内容进行理论联系实际时，范围需限定在学生可能达到的发展水平之内。

加强学生的基本技能发展，提高他们解决实际问题和操作动手的能力。传统课堂教学无论是在内容方面，还是在教学方法的运用以及课堂教学的组织方面，都存在远离学生生活实际、脱离学生生活经验的问题，这就要求教师在教授基本概念、基础知识的同时，还应重视通过与学生已有经验有关联的实际问题的练习，对学生基本技能进行训练，让学生的操作能力得到发展。

6. 灵活施教原则

灵活施教原则是指教师在教学中从实际出发，具体问题具体分析，根据教学对象、教学情境、教学条件的不同，机智灵活地进行教学，不断生成鲜活的、形态各异的课堂教学。要求教师不仅把握学生的特点，还要善于处理突发事件，善于将其转化为有价值的教学事件，促进教学目标的达成。利用灵活施教原则进行课堂教学组织要遵循以下基本要求：

全面了解学生，因材施教。学生的个别差异是客观存在的，不仅表现在水平上的纵向差距，还表现在特征上的横向差别。教师应适应学生的个别差异并恰当地利用学生的差异，分配教学任务，组织教学事件，比如在分组讨论中，注意把不同类别的学生分在一起，让学生在相互合作中共同提高。

善于把握时机，适时而教。课堂教学是在一定的时空以及教学情境中进行的、在时间中展开的实践，具有不可逆的特点。教学实践中，学生能够非常明显地感受到时间的这种结构，以及时间从过去经由现在进入未来的不可逆性。正是这种无法逃脱的时间结构及时间单向流逝，在实践过程中会让学生出现紧张感乃至"紧迫感"。在紧张的情绪下，在实践过程中

的学生没有空闲来静静观察、反省思考，所以，教师要对各种突发情况及时地做出合适的处理。

教师的课堂教学是教学实践的重要组成部分，一方面，教师要根据教学规律组织课堂教学，另一方面，由于课堂教学实践是一种既非完全观念性的、依据理论的存在，也不是一种纯粹实体的、毫无规律可言的实践性存在，而是一种介于两者之间的兼具主观性和客观性的存在，所以，教师要灵活施教，妥当处理课堂教学的各个环节的衔接，以及各个教学环节过程中的各种突发问题。这对教师的教育实践智慧提出了较高的要求。

二、课堂教学管理的基本原则

（一）教师主导与学生主体原则

教师主导与学生主体原则是指在课堂教学过程中，教师既要充分发挥主导作用，也要善于调动学生学习的自觉性、主动性和积极性，使教学过程成为师生双方密切配合、协调共进的过程。因此课堂成为师生之间的紧密合作与协调的场所。此时教师的主导地位意味着教师处于教学管理位置，并控制课程和教学顺序，尊重学生的学科状态和性格，在课堂上不断激发学生的学习热情和主动性。该原则要求教师在教学和管理过程中发挥积极的领导作用，并确保学生真正成为有意义的学习活动的主体。

（二）维护和促进教学发展的基本原则

1. 教育和发展原则

教育和发展原则从学生的身心特征开始，体现了"一切都基于学生的发展"的思想，同时在建立和维护学生课堂规则时要尊重与维护学生的发展。教育是一项育人的事业，教育对象的特殊性决定了教育与其他行业的本质区别。在教育过程中不仅要研究教学的规律，而且要研究人的身心发展规律；不仅要考虑当前的教育影响结果，而且要考虑对教育对象成长的长远影响；不仅要考虑教师管理行为对学生的控制效果，而且要考虑对学生的态度和内在情感的效用。

2. 民主与共同参与原则

民主与共同参与原则意味着师生在制定和维护课堂规则、维护教学秩序时必须采取民主、参与的原则。制定灵活而严格的课堂规则，以培养学生对课堂规则的意识。特别是学生必须自发且自然地接受课堂规则，以便自然地养成遵循课堂规则的态度和习惯。这就要求：

第一，教师首先要认同、形成民主的教育理念。长期以来，教师和学生的关系是管理与被管理、控制与被控制的关系。对于教学秩序，教师往往采用简单的管理方式，"压制"课堂教学中的问题行为，而忽略了引导学生形成对课堂规则的内在认同感。因此，教师应首先改变教师观、学生观、教学观和课堂管理观念。

第二，教师应将平等民主原则作为基本原则，以相互参与和基本讨论为基础，尊重学生的意见，指导学生实践课堂规则。

第三，在使用课堂教学规则和维护课堂教学秩序时，教师要注意减少或避免使用消极和直接的命令言语与行为，并引导学生成为良好教育秩序的主人，而不是强迫他们。

3. 激励和自律原则

教师在课堂教学管理中应使用鼓励的方法，而不是过度指责和批评，以激发学生养成良好的行为习惯，促进学生的自我管理和自律，并在课堂上对学生进行培训。

行为主义心理学认为，个体的行为为行为后果所决定，行为带来愉快的结果，这个行为以后就会再出现，反之，如果带来痛苦的结果，这个行为就会消失，任何一种行为的出现都遵循"刺激—反应"的原则。这就要求教师注意：第一，适时给学生的良好行为表现以积极刺激。学生在课堂上一有良好的表现，如积极听讲、积极发言等，教师应该立刻予以肯定和表扬，使这类行为得以强化。第二，树立榜样的作用。

4．差异性与科学性原则

差异性与科学性原则是指在进行课堂教学管理时，要根据不同的教育对象、课程的类型以及课堂基本环境、课堂管理方式等组织课堂，进而体现差异性和科学性。课堂基本环境包括学生数量、学生年龄、教室的大小和资源的可利用性等，这些都对课堂教学管理产生影响。

思考题：

1．阐明课堂教学组织与管理的原则。
2．简述课堂教学组织与管理的关系、意义。

第二章

课堂教学组织

第一节 课堂教学组织变革的意义和影响因素

一、课堂教学组织变革的意义

(一) 理解课程改革与教学组织变革的关系

2003年,教育部印发的普通高中课程方案和课程标准实验稿,指导了十余年来普通高中课程改革的实践,为我国基础教育质量的提高做出了积极贡献。但是,面对经济、科技的迅猛发展和社会生活的深刻变化,面对新时代社会主要矛盾的转化,面对新时代对提高全体国民素质和人才培养质量的新要求,面对我国高中阶段教育基本普及的新形势,2013年,教育部启动了普通高中课程方案和课程标准修订工作。在深入总结21世纪以来我国普通高中课程改革的宝贵经验的基础上,充分借鉴国际课程改革的优秀成果,将普通高中课程方案和课程标准修订成既符合我国实际情况,又具有国际视野的纲领性教学文件,从而构建具有中国特色的普通高中课程体系。

课程改革之所以会在中学教育领域产生广泛影响,其原因在于它所要求的目标是多方面的。在课程结构方面,进一步优化了课程结构,将课程类别调整为必修课程、选择性必修课程和选修课程,在保证共同基础的前提下,为不同发展方向的学生提供有选择的课程。在课程功能方面,要由传统的注重知识传授向促进学生全面而有个性的发展,为学生适应社会生活、高等教育和职业发展做准备,为学生的终身发展奠定基础。在课程内容方面,要引起学生学习兴趣并联系已有经验,关注知识技能的"基础性"。在课程实施方面,倡导学生主动参与、乐于探究、勤于动手,培养学生搜集和处理信息的能力、获取新知识的能力、分析和解决问题的能力以及交流与合作的能力。在课程管理方面,要形成新的国家、地方和学校三级管理体系。在课程评价方面,要发挥评价对教师教学和学生发展的积极作用。传统的教学组织形式在很大程度上禁锢了课堂教学改革的思路,限制了教学过程中教师与学生行为方式的变革。只有克服传统的整齐划一的教学惯性,教师和学生在教学过程中的生存状态才会发生转变,从而能够达到贯彻落实课程改革的各项目标的目的。课程改革对教学过程中人群、时空、资源的组织形式提出了更加多样化的、灵活的要求。

(二) 教学组织形式的变革造就了新型课堂

教学组织形式的变革的本质是对教学过程的重新安排。当教学中材料与手段、环境与场景、人的因素等被重新安排以后,课堂必然会呈现出新的气象。

1. 组织形式的变革引起了课堂角色的转换

衡量课堂教学的重要指标之一就是在教学过程中教师和学生各自扮演着什么样的角色。在传统的课堂教学过程中,教师的角色是知识的传授者,作为课堂的主宰者,传统的教学活动是以教师为中心开展的。教师与学生之间是机械的传输与被动的接收的关系。课程改革的目标就是要打破这种被动的模式,建立起新型师生关系,在课堂上真正体现学生的主体性。

如何在教学实践中实现这样的目标呢?这就要求教师对教学的过程进行重新安排。教学组织形式的变革,从某种意义上说,就是教学活动的所有参与者角色关系、位置关系的改变。

2. 组织形式的变革为学生提供了新的机会

所谓的"教学"是根据课程计划和课程标准的要求为学生创建特定的

学习环境，以便他们在这种特殊情况下能够获得新的学习机会与经验。因此，有效的教学组织形式可以为学生创造一个更合适的学习环境。如何判断教师为学生创造的学习状况是否有效？一个重要的指标是看学生在这样的实际情况下是否可以获得多元化的"机会"。可以看出，有效的教学组织是努力为学生提供足够的机会。

在传统的课堂教学中，教师是单一的教学组织行为人，使学生只能一成不变地记住教师所教的知识，其结果是，学生的发展变得单一，而且学生的个人发展与需求也无法得到满足。

新型的教学组织形式可以为学生提供哪些新的机会来实现更加多样化的发展呢？

（1）选择的机会。教室是一个三维空间，其中容纳了数十个不同个性的学生。即使教师提出了相同的教学目标，每个学生也会有不同的学习方式和学习需求。传统课堂的突出特点之一是"追求共性"。它要求小组中的所有成员共同学习。它不希望学生有个人需求。教学组织的变革意味着打破这种机械不变的程序，让学生有更多机会自主选择。

在变化了的课堂当中，学生可以有哪些方面的选择呢？

学生应有机会选择不同的学习内容。教学的目的是促进学生个性的发展，而不是简单地完成既定的教学任务。在教学过程中，每个学生都需要达到一些教学目标。但是在教学过程中一些教学目标可以由学生自主选择。例如，在活动课中，学生可以根据自己的兴趣选择学习的领域或主题。

学生应该有机会选择不同的学习时间表。不同的学生有不同的学习风格，这种风格差异应得到教师的尊重。因此，不同的学生在达到相同的教学目标时可能倾向于采用不同的学习过程。教师的任务是帮助他们找到这样的个性化学习路径。

学生应该有机会选择不同的学习角色。学生的学习大部分是在集体中进行的，学生之间的合作是基于特殊的分工。因此，在这样的合作小组中，学生应该扮演什么样的角色，他们应该有机会自由选择。

（2）参与的机会。"参与"的前提是师生之间地位的平等，这应该是师生之间真正的人格交流。在传统的课堂教学中，尽管学生在教室里，但他们的主要活动是被动接受的。为学生提供参与的机会应将他们的学习转变为各种感官活动，使学生有机会参加课程，制订教学计划，让学生有机会参与生动多变的社区生活。学生参与社区生活是学生参与教学的更高层次要求，也是衡量教育民主程度和开放程度的重要措施。

（3）学会学习的机会。学会学习不是学会记住知识的方法，而是要善于从情感活动开始，总结和发现知识。从这个角度来看，不难理解教师为学生提供了足够的机会进行积极的探究。主要目的不是探索获得的结果，而是让学生看到这些结果的全过程。知识探究的过程总是丰富多彩的。在积极探究的过程中，学生会发现"掌握知识"意味着同时经历与这些知识并存的背景。只有这样，教师才能发展学生使用知识灵活地分析和解决问题的能力。

教学组织形式的变革是要打破传统的单一课堂教学模式，并在培养学生的过程中为学生提供学习的机会。对于教师来说，改变教学模式可能不是一件很复杂的事情，但是对于学生来说，这种小的改变甚至可以丰富他们的整个心理世界。

3. 组织形式的变革拓展了学习的时空范围

组织教学的一项重要任务就是对教学过程的时间、空间因素进行设计和安排。传统的课堂教学在时空安排方面是固定不变的，大家通常这样理解"课堂"，它是一个45分钟的过程，它是在"教室"这样特定的空间里进行的。所有不符合这些时空标准的活动，都很难被认为是"教学"，通常会把它们称为"课外活动"，既然是"课外"的活动，就只能从属于课堂教学，就只能算是课堂教学的补充或者调节。

对教学的这种僵化的理解被打破以后，教学活动在什么时间进行、在什么场景当中进行，完全依据教学目标的需要、学生的需要以及教学资源与环境的需要。在课程改革展开以后，更多的教学活动被安排在社区环境

中进行,学生有了更多的机会观察、体验真实的社会生活。即使是在校园环境当中,对教学设施特别是网络化教学设施的运用使"课堂"的时空内涵发生了根本的变化。

4. 组织形式的变革促进了教学资源的开发和利用

在有限的时间内教学空间的扩大意味着教学资源内涵的变化。过去,"教学资源"仅被理解为教科书和与教科书兼容的各种实践手册。教学资源内涵的缩小导致了课堂教学的单一形式。实施新课程后,仅依靠教科书和教具远远不能满足教学组织的需求。教学资源的开发利用已经成为每个教师必须解决的问题。

教学资源的开发和使用范围在很大程度上决定了学生体验的范围、活动的范围和思维的范围。但是,教学资源的开发利用也给教师带来了很大的压力。这种压力来自两个方面。首先,教师没有太多的精力开发课程资源。其次,教师对课程资源的理解存在一定的偏差。例如,教师可能更喜欢将课程资源等同于著名的山川河流或历史遗迹。实际上,课程资源已嵌入生活世界的各个方面。新课程的教学组织发生了变化,其设计的出发点也是学生的生活。学生可能生活在繁华的城市或偏远的村庄,但是所有学生的生活都是一致的。对于教学组织,区别仅在于课程资源的特定内容。

二、课堂教学组织变革的影响因素

课程改革开始后,所有参与改革的教师都希望重组教学过程,以改变过于单调乏味的教学形式。问题在于,当教师尝试进行更改时,会面临很多困惑。为了摆脱这些困惑,必须首先寻找这些困惑的原因,并了解制约教学组织改革的主要因素。

(一) 教师的观念

教师在转变教学组织的过程中始终发挥着主导作用。当教师通过变革为学生提供一种新的教学环境时,学生会感到新鲜有趣,活泼生动。但是,教学情况的设置主要由教师完成。为此,教师的概念因素以及教师对课程和教学的理解对课堂的转变至关重要。

1. 知识观的影响

传统的基于课堂的教学系统长期以来一直主导着教学组织的形式,并且与教师对教学和知识之间关系的理解有着千丝万缕的联系。在以知识的教学和记忆为中心的教育与文化背景下,掌握知识的数量和速度已成为教师判断教学效率和价值的主要标准。教学过程的组织逐渐朝着单一方向发展,并趋于简化。教室也是习惯性地、自然地被理解为一个地方,许多年龄相似的学生静静地坐着,聆听拥有更多知识的教师讲课。就像人们描述的那样:"传统的教室布局是一排排学生的课桌对着教室前方教师的讲台。时间被划分成块,每一段时间上一定的传统学科或课程。课程内容实际上只是把传统的观点与信念编成法典,教学方法因而也就是说教般地向学生传授这些观点与信念。"

打破这种传统的知识中心主义,使课堂生动起来,前提是从概念中确立教学的"发展观",并用促进学生发展的教学观念代替单一的知识接受观念。学生在教育环境中的主要任务是"学习",但是"学习"的过程不仅仅是掌握书本知识的过程。学习的过程是"发展"的过程,是生活经验的积累过程,也是逐步社会化的过程。如果教师从发展的角度理解教学,那么可以清楚地看到,除了静态知识之外,学生的技能、思维、情感和与社会的亲密关系是他们学习生活的"作业"。单纯采用集体教学方法来完成这些"作业"的学习还远远不够,教学组织必须相应地改变。

2. 心理观的影响

在所有人类活动中,教育是一种需要根据人类成长规律和人类心理发展规律进行组织的活动。教师自己能意识到的东西或他们潜在的心理发展观念在很大程度上影响他们是否使用特定教学活动的方式。行为主义心理

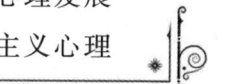

学和认知心理学对组织教学的方式有很大的影响。

在行为主义看来，首先，行为的习得是反复刺激、强化和巩固的过程。其次，一个复杂的行为或目标可以分解为一个个小的行为或目标，因此，达到更高目标的基本方法是让教师为学生选择学习步骤。从行为主义心理观出发，课程的展开过程往往是由教师为学生编制可观察的行为目标开始的，学生受到了更多的"规定"，教学过程中"预设"的成分是主要的，学生的任务就是沿着教师为他们选定的道路一步一步扎扎实实地向前迈进，而教学的最有效的方法，就是不断地练习与巩固，直到掌握。学生需要掌握的知识技能，有相当一部分可能比较适宜采用反复训练和强化的方式。但是，把这种分解目标、反复强化的方式扩大到学生所有的学习活动当中，就可能使教学变成一个机械的过程，学生自身的作用会在很大程度上被淹没。以机械训练、题海战术为典型特征的"应试教育"倾向，就是一种极端的表现。

从认知心理学的角度来看，只有当学生自己建立知识时，知识才对他们有意义并变得可理解。实际上，心理结构的发展观命题具有普遍的认识论意义，对哲学和一般的社会观念都有广泛的影响，从而形成一种"建构主义"的思潮。从教学组织的角度来看，建构主义包含两个最重要的命题：第一，人类的心理发展是一个积极的建构过程，灌输和机械学习不能真正产生"发展"。第二，人的心理发展是人与环境互动的结果。

因此，认知心理学和建构主义哲学强调学生自己提出问题的价值，强调学生主动发现的价值，强调学生在直接环境中的活动的价值，并强调学生学习过程的价值，强调以学生的学习和兴趣为中心。这种观念上的改变对教学组织方式产生了深远的影响。基础教育课程改革提倡学生进行主动、合作和探究式学习，提倡学生在活动过程中学习，并要求教师关注学生的学习过程，而不仅仅是学习的结果。这些都反映了教师对教学的基本理解，并了解变化。教师更改后的观念需要反映在新的课堂组织中。

3. 文化传统的影响

传统对人们行为的影响是潜在而持久的。教师在教学组织中的经验很大程度上取决于文化的传统和教育本身的传统。中国文化传统通过规定教师和学生的角色地位来影响教师的行为方式。从文化和政治的角度来看，"师道尊严"源自维护封建的社会等级的需要。在教学过程中，它也成为师生不可逾越的行为准则。维护"师道尊严"的文化模式需要与之相适应的适当的行为组织模式。要分析教师最习惯的课堂模式，不难发现，大家认为理所当然的课堂形式最能反映教师和学生之间的等级差异。在这样的课堂里，属于教师的区域和属于学生的区域被自然分开，并且讲台是神圣的地方，更不用说教师的办公室了。在这样的课堂里，教师讲话被认为是一种不可侵犯的教学行为，学生的自由表达被称为"打断"；在这样的课堂里，教师被赋予了绝对的权力，更不用说一般的社会成员或父母，也就是说，其他教师想进来看看，这也是一件非常困难的事情；在这样的课堂里，教师决定了教学过程的开始和结束，显然，师生的教学联合活动很难进行。

教学组织形式的变革不只是一个操作模式的问题，它是对传统的某种超越。在实践中有一个不言而喻的现象：从理智的角度来看，教师希望对教育和教学做出一些改变，但是从感觉上来说，改变教师习惯的行为方式存在很大的困难。课程改革的过程实际上是一种新的教学文化和教育文化的诞生过程。

（二）教育投入水平

教育质量是当前教育改革的重中之重，而教育质量的提升又离不开优质教育资源的配置，因此投入更多的教育经费，配置更多优质的教育资源成为必然。国务院办公厅印发《关于新时代推进普通高中育人方式改革的指导意见》对开展普通高中新课程改革和高考综合改革、提高普通高中教育质量提出新的展望：全面实施新课程新教材，促进学生全面发展，推广

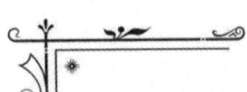

和完善走班式教育教学管理体制，注重教育评价和考试招生制度的科学性，保障优质办学条件和多数量高水平教师的提供，建立生均公用经费拨款标准和学费标准动态调整机制，并基本形成普通高中多样化有特色发展格局。这些措施都为保证育人方式改革落地提供了重要支撑，也无疑对普通高中教育经费投入和支出提出更高要求。我国财政性教育经费占国内生产总值4%的目标于2012年实现，教育经费投入的绝对量也有了近10倍的增长。国务院办公厅印发《关于进一步调整优化结构提高教育经费使用效益的意见》提出：应该优化教育经费的投入结构，不断强化政府财政性教育经费的投入力度，拓展多渠道筹集教育经费的方式方法以扩大民间力量对于教育的支持；优化教育经费的使用结构，建立涉及各个阶段教育的生均拨款制度，提高教育资源配置效率和使用效益。

（三）教学的政策环境

1. 课程结构的影响

所谓课程结构是指中学教学中的"选题与课题的关系"。课程结构反映了一个国家或地区对年轻一代素质结构的要求。课程结构确定后，将对该结构中的一门学科的性质提出特殊要求。

新课程结构包含了学科课程、综合课程和综合实践活动课程三类。虽然这三类课程都需要遵循一些共同的目标要求，如教学要把学生的知识掌握、技能形成与学会学习、积极的学习态度和情感与价值体系结合起来，但是在课程结构当中安排三类课程本身就表明，这三类课程的具体教学过程应该体现出一定的差异性和特殊性。

第一，学科课程教学的组织要求在考虑学科系统知识和逻辑的同时，培养学生的探究能力。即使是学科课程的教学，也不能把注意力只是放在"学术内容"方面，而是要把目标确定为"教"的学术阶段，即改变单纯的说教式教法，让学生有机会体验知识形成的全过程。

第二，综合课程教学的组织应该从学生的个人经历和社区生活出发，而不仅仅是将综合课程理解为两个以上"学科"的组合。比如，中学的"艺术"课程，并不是原有的音乐与美术的简单相加。"艺术"课程的设计起点是生活当中的"艺术"和"美"，因此，"艺术"课程的教学在组织形式上也应该"还原"到学生个人的审美经验以及生活当中的美的事物方面。这种对课程性质的"还原"的理解，必然会引起教学组织方式的相应变化。

第三，综合实践活动课程教学的组织应从学生个人兴趣出发，充分满足学生经验、操作和研究的需要。与前两类课程相比，综合实践活动课程没有预定的教学内容，课程实施也主要以学生小组活动的形式展开。综合实践活动课程的设置，要求中学教学组织的方式发生结构性的变化。

2. 教学管理制度的变革

教师教学组织的变革行为发生在学校环境中，这是一个简单明了的事实，但却常常被人们忽视，结果往往使教学组织的变革完全成了教师的个人行为，教师面临过大的压力。若教师的教学改革行为直接与学校现有的管理目标和管理体制冲突，学校教学管理体制改革的进展滞后于课堂的变化，将削弱课堂改革的动力。如果教师得不到他们应得的支持，他们会倾向于以更保守的方式组织教学。当教师试图组织学生开展更具开放性的教学活动时，他们非常需要学校、政府部门和社区组织的支持。从这个意义上说，课程改革和教育的进步不仅仅是课堂内部的事情。

（四）教师的专业化水平

即使改革的环境问题得到解决了，当教师计划对教学组织进行一些改革时，仍然存在困难。最直接的困难之一是个别教师不知道如何运用一些新的方法来组织教学。

如何组织不同形式的教学活动呢？这是一个教学专业技能问题。生物教师首先理解中学生物课程的性质和价值，对中学生物课程性质和价值的认识反映了教师对自身工作、任务特点等的理解，这些理解直接影响到教

师工作的努力方向。生物教师对中学生物课程的认识会随着时代的发展和生物科学技术的进步而不断深入和变化。生物教师要不断学习、与时俱进。生物教师对生物科学技术的本质认识，有助于其在教学工作中根据学科特点有针对性地组织学习活动、有效地培养学生的生物科学素养。其次，生物教师需要掌握教育心理学的理论和学生的认知规律，这样可以减少实际教学中的盲目性，提高学生的学习效率，并能及时解决教学中的问题。在此基础上，生物教师要有能力去设计一系列目标明确、教学方法适当的学习活动，能使用多种教学方法和手段引导学生主动地参与学习过程，让学生经常动手实践，并在学习中较深入地思考一些问题，使学生的学习过程成为一个有序、有效、有趣的过程。

第二节　课堂教学的动态平衡

　　课堂教学设计给教师的课堂教学实践指明了前进的方向，按照这样的教学实践蓝图进行教学，就有可能使教学活动有序、顺利地进行。课堂教学的理想状态是教师的"教"与学生的"学"非常合拍、协调，"教"与"学"在同一时空中想同样的事、做同样的事。在真实的课堂教学中，虽然教师努力按照课堂教学设计的计划来实施，但由于各种因素的影响和干扰，很难达到这种理想状态。在很多的课堂教学中，"教"与"学"都处于失衡的状态，这就需要教师适时地进行教学的组织，调控失衡的课堂状态，使课堂教学重新进入有序的状态，取得动态的平衡。

　　课堂教学是千变万化的，课堂教学的进程有时并不完全按设计好的蓝图进行，课堂教学的"教"与"学"有时处于失衡的状态，这也是正常的。课堂教学的失衡首先表现为教师在教学活动中"学习"的内容和时间与"教学"的内容和时间不一致。面对这样的失衡现象，教师作为课堂教学的领导者，应及时进行调控，使课堂教学回归平衡状态。

可以说，在课堂教学中，"教"与"学"的内容和时间是从平衡到不平衡再到平衡的不断反复的过程。

一、"教"与"学"在教学内容和时间上失衡

（一）"教"与"学"在教学内容和时间上失衡的表现

1. 同题不同步

同题不同步是指在课堂教学中出现教师的"教"与学生的"学"都面向同一个内容，但教与学在时间上不是同时出现。一是教师教的速度快，学生的思维跟不上。在课堂教学中经常出现这种情况，教师只是按照自己的思路，依照原定的教学设计方案连续性地把要教的内容讲下去、灌下去，不管学生是否理解、能否跟得上，而事实上学生往往没有真正理解，特别是碰到难点时这种情况就更为突出。二是学生在学习某个内容时思维超越了教师教的速度。在课堂教学中有时也会出现这样的情形，特别是教学内容比较难时，一些教师按自己的理解，想当然地认为学生难以理解，就不厌其烦地反复讲解同一个问题，其实学生已经理解了，他们的思维已经跑到前面去了。

2. 同步不同题

同步不同题是指在课堂教学中教师的"教"和学生的"学"同处一个时空之中，教师和学生都投入教学活动中，并且思维积极，但"教"与"学"的内容以及"教"与"学"的思维指向完全不同，这时就会出现同步不同题。在课堂教学中会经常出现这样的情形，教师在想方设法地"教"，学生也在勤奋努力地"学"，但细心地检查一下，教师"教"的是此内容，学生"学"的却是彼内容。这是时间同步而"教"与"学"的

内容出现差异，这种同步不同题是教学失衡的另一个表现。

（二）"教"与"学"在教学内容和时间上失衡的原因

课堂教学出现同题不同步或同步不同题的教学失衡情况，原因是多方面的，如果只从教师的"教"这个角度来分析、反思，主要是下面两个原因：

1．教学活动过快或过慢

在课堂教学的设计过程中，如果教师对影响学生理解和把握某方面知识的能力分析与研究不够，那么在具体的教学活动安排上就会出现过快或过慢的情况。教师认为学生难掌握，教学活动就慢一点，其实学生掌握起来比较容易；教师认为学生易理解，教学活动就快一点，其实可能正是学生觉得很难的地方。这种教学活动的安排与学生的学习能力不吻合，出现过快或过慢的反差现象，是造成同题不同步或同步不同题的一个重要原因。

2．教学内容过深或过浅

教师对教学内容的把握是课堂教学顺利进行的一个很重要的因素。面对特定的学生群体，教师对讲课的内容把握到什么程度才符合学生的学习进度，是一个非常重要的问题。虽然教师在课堂教学设计中对教学内容进行了深入的分析研究，但设计的方案变成具体的课堂教学行为时，理论分析和教学实践之间仍然存在着比较大的差距。教师讲得太深，学生理解不了，必然出现思维跟不上的情形；教师讲得过浅，学生早就理解了，思维就会超越教的速度。因此，教学内容过深或过浅会造成同题不同步或同步不同题的结果。

（三）调控"教"与"学"在教学内容和时间上失衡的一般策略

解决"教"与"学"在教学内容和时间上的失衡，教师和学生都有责任，从教师的角度来看，要做好以下几点：

1. 及时收集学生学习的反馈信息

判断课堂教学在教学内容和时间上"教"与"学"是否失衡，要建立在信息收集的基础上。在课堂教学的过程中，教师要有敏锐的观察力，随时监控着课堂教学的"教"和"学"这两个方面，从学生的学习表现及时做出是否失衡的判断。因此，收集学生在课堂教学中学习表现的信息就成了解决"教"与"学"在教学内容和时间上失衡的前提。教师可以通过学生在课堂上的表情、眼神、答案、操作和练习来收集不平衡的信息，以便及时调整教学过程。

2. 调整教学进程的速度

课堂教学出现教学内容和时间的"教"与"学"的失衡，一个重要原因是教师在组织课堂教学时教学速度过快或过慢。要使教学失衡重新达至平衡状态，这就要求教师在掌握学生学习信息的基础上，及时调整教学进程速度。如果教学速度太快，学生跟不上，那就减慢一些教学速度；如果教学速度太慢，学生学习出现思维的分散或思维的超前，那就加快一些教学速度，使教学重回平衡状态。

3. 调整教学内容的难易度

要求教师在掌握学生学习信息，特别是学生学习起点能力的基础上，及时调整教学内容的难易度。如果教师发现学生在学习某方面知识困难重重时，那就要降低难度或坡度；如果教师发现学生在学习某方面知识时很轻松、很容易，那就要增加一些难度或补充一些内容，使教学重回平衡状态。

二、师生互动不协调

课堂教学的失衡还表现在进行教学活动时，教师"教"的活动与学生"学"的活动出现不和谐、不协调的情况。虽然教师和学生在课堂教学中扮演着不同的角色，但真正有效的课堂教学是师生互动的协调，而不是教师或学生的单边活动。课堂教学需要师生行为和活动的和谐与协调。为了提高教学效果，必须在课堂教学中加强师生互动，使课堂真正成为师生双边活动的场所。教师承担着引领者的角色，在课堂教学中应更加注重调动学生的学习积极性和主动性，引导学生成为真正的学习大师。

（一）师生互动不协调的表现

1. 学生分心

从学生的角度来看，师生之间不和谐、不协调的互动表现出来就是分心，即学生的活动与正在进行的课堂教学活动无关，甚至与当前的教学活动相冲突。当学生分心时，就会注意力不集中。在课堂教学中，学生的分心有以下几种表现形式：

（1）厌烦。教学内容太难或太容易，教学方法过于单一，教师语言不清、节奏太快或太慢或机械重复，会使学生感到枯燥乏味。有时学生的眼睛似乎盯着教师，但仔细看就会发现学生的眼睛已经停止移动，表明学生的思维已经转移到其他地方。

（2）冷漠。一些学生在学习中一直处于落后状态。教师缺乏对这些学生的关心或不注意课堂上对这些学生的批评方式。这些学生敢怒不敢言，表现出懒散、无助或冷漠的态度。

（3）做其他事。一些学生发现自己很难控制他们疲劳的身体并在桌子上睡着。为了避免教师的批评，有些人在桌子上做一些遮掩的姿势，比如用一只手或两只手抱着头，以免被教师发现。有的学生上课时玩东西、吃零食；有的学生上语文课，就做数学作业，上生物课就看小说。总之所做的事与正在上课的内容和活动完全无关。个别学生在上课的时候说闲话、讲笑话、对骂、推搡、吵吵嚷嚷，影响上课。个别学生在上课的时候，既不听教师讲课也不看着黑板，而是东张西望，心思完全不在课堂教学上。

（4）反抗。个别学生出于各种原因，对某教师或某学科产生抵触情绪，因而在课堂教学中对教师的教导故意不服从，甚至采取对抗的态度和做法，完全不参与教学活动。

2. 教师情绪化

从教师的角度来看，师生互动不和谐、不协调主要是由于教师的情绪化，也就是说，当教师开展教学活动时，情绪会产生波动。教师在课堂教学中的情绪化有以下表现形式：

（1）烦躁不安。个别教师讲课的语气忽高忽低，停顿有长有短。他安排的教学活动混乱，教学内容分散。他忽略了学生的问题，自己好像心事重重。

（2）无名之火。在课堂上，有些教师对学生的一些轻微异常现象反应过度，有时大声训斥学生。有些教师甚至对学生使用体罚和变相体罚。

（3）批评指责。在课堂教学中，个别教师对于学生学习过程中的一些问题和错误，不是哄劝而是处处批评。如果学生的学习成绩不符合个别教师的要求，他们会立即指责学生。

（4）讽刺挖苦。在课堂教学中，个别教师不对学生的不良行为进行耐心的教育，而是使用一些伤害学生自尊的难以入耳的语言，进行讽刺性的评论。

（5）草草收场。在课堂教学中，个别教师漫不经心地说话，把教学内容安排得杂乱无章，也把握不好教学节奏，铃声一响，立即停止讲课。

(二) 师生互动不协调的原因

1. 学生方面的原因

引起学生分心的原因,有学生自身方面的因素,如对学习不感兴趣、学习缺乏自觉性、注意力不稳定等。

(1) 学习跟不上。首先是学生的学习跟不上教学的进度和难度。学生一开始可能会想方设法去跟,但总是跟不上的话,学生就会放弃课堂中的学习,从而出现分心的情况。

(2) 对学习不感兴趣。在课堂教学的时候,有些学生对当时上课的教师或教学内容不感兴趣,但受学校纪律的约束又不敢不上课,只好坐在自己的座位上不听课而做自己感兴趣的事情。

(3) 注意力不稳定。有些学生的耐力比较差,无法长时间在课堂上保持精神高度集中,很容易注意力分散。个别学生比较好动,很难保持稳定的注意指向,而出现分心的情况。

(4) 身体欠佳。上课时,有些学生因为患了诸如感冒等疾病,发烧无力而只好趴在课桌上,虽然很多身体欠佳的学生拼命打起精神听课,但力不从心,只能学一点丢一点。

(5) 教学安排不当。在课堂教学中,学生与"教学"不和谐的最重要原因之一是教师不恰当的教学安排。教学内容有时困难或容易,有时过多或过少。教学时间安排不合理,存在前松后紧或前紧后松的情况。课堂教学活动单调乏味,只有教师的教学活动,没有学生的学习活动相配合。这些不当的教学安排会导致学生不知所措,难以配合教师的教学,容易使一些学生放弃学习。

2. 教师方面的原因

师生互动不协调很大程度上是由教师造成的。教师教学方法不当,内容讲解缺乏条理性和新意,语言缺乏艺术性等,都会造成学生分心。因为课堂教学的组织、管理还是依靠教师来承担。教师在课堂教学中的"教"的情况具有导向性，它极大地影响着学生"学"的活动的指向和表现。因此，了解教师在课堂教学中引起师生互动不协调的原因，有助于教师更好地克服师生互动的弊端，调整自己的教学行为，使师生互动和谐而又协调。造成师生互动不协调的教师方面的原因有如下几个方面：

（1）期望过高。希望自己的学生尽快成长并学有所成是教师的普遍心态。因此，在课堂教学的过程中，教师往往对学生要求很高，甚至想在一节课里把教师所懂得的知识全都教给学生，导致学生无法应付这种情况，不知道该做什么，甚至放弃跟随教师，这就导致了学生的问题行为。过高的期望不仅会打乱教学节奏，还会增加学生的心理负担，引起焦虑和不满，影响教学任务的完成。

（2）心境不佳。由于各种因素的影响，教师经常会有烦恼、抑郁、愤怒等情绪。研究表明，有心理问题的教师比例超过40%，如果教师带着非常糟糕的心理状态走进教室，就很容易使自己的"教"走向非理性，使师生互动产生问题。

（3）行为过敏。在课堂教学中，许多教师并没有以一颗平常心对待学生的"学习"言行，而是对学生的问题行为做出过敏反应，小题大做，加剧矛盾和自我挣扎。行为过敏的个别教师通常对教室里所有轻微的刺激都有强烈的反应，比如学生的咳嗽和低语。他们经常批评和指责学生，加剧师生矛盾，最后，经常导致教学中断和课堂混乱。

（4）性格特殊。教师从事着一种非常特殊的职业，这就要求从事这种工作的人具备良好的心理素质。"为人师表"是从事这项工作的人的准则。在课堂教学过程中，头脑冷静、态度和蔼、平易近人、热情激昂的教师最有可能具有说服力，也最有可能获得学生的信任，从而使教师与学生能够互动和协调。心态不稳定、总是生气、不苟言笑、既不热心也不热情的教师最有可能造成师生间的隔阂，也最有可能造成师生互动中的问题。

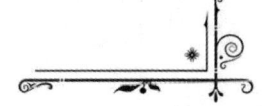

(三) 解决师生互动不协调的一些策略

1. 教师要学会自控

（1）意识自控。意识自控是指教师在课堂教学中要有明确的自我意识，并根据这种自我意识合理地控制自己在课堂上的言行。这是组织好教学的基础。

首先，有意识的自我控制有助于教师在课堂教学中及时调整和控制自己的教学行为，从而保证有序的课堂秩序。如果一个教师不了解自己的教学表现，不善于有意识地自我控制，他就不能很好地组织课堂教学。一些教师总是抱怨学生不注意听课，却不去关注课堂的趣味性。一些教师总是责备学生没有遵守课堂纪律，却没有意识到他们自己缺乏组织教学的能力。所有这些都显示了意识控制的重要性。教师在课堂上进行自我意识控制时首先要考虑他们的教学是否符合好课堂的要求，同时还要注意他们的教学风格、板书、外表和举止是否恰当。

其次，应该加强自我观察的能力。在组织教学时，教师不仅要善于观察学生，还要善于观察自己，尤其要观察自己在组织教学中的明显的不足。同时，要注意在组织教学中经常出现的主观偏差。在教学过程中，学生们反映一些教师将授课与教材分开，转到另一套教材中，而教师们则认为这是对教材的补充，是为了带来新知识。学生对教师的教学行为有不同的看法，但是教师经常自我感觉良好。这种偏差容易使教师在教学中出现"教学障碍"。如果教师没有意识到这一点，平时不注意与学生交换意见，他们就无法消除"教学障碍"。另外，教师可能会认为这是一种"教学风格"，并在教学中进一步深化，这对教学更有害。在课堂教学中，有些教师主要关注学生，而不是他们自己。相反，教师要关注自己，同时要注意学生是否表现出注意力不集中和课堂秩序混乱等现象。因此，教师应培养注意分配能力，在关注教学的同时善于进行自我观察，从观察学生的表情和反应中及时调控教学，确保课堂教学的顺利进行。

最后，教师进行有意识的自我控制的同时，也应该防止"权威"心理。有些教师不愿意承认自己的缺点或错误，清楚地知道学生的意见是正确的，却不愿意接受，并且很容易原谅自己的缺点。这样，学生不可避免地会对教师产生抵触情绪，从而导致厌学。

可见，在课堂教学中，教师的自我意识制约着整个教学过程和教学水平。教师善于有意识地自我控制有助于正确理解和评价自己在课堂教学中的思想、行为和心理活动，并进行相应的自我控制和调整，以保证课堂组织教学的顺利进行。

（2）情绪自控。教师情绪不仅影响教学思想和语言表达，还影响学生的情绪和智力活动的积极程度，进而影响课堂教学组织。善于控制情绪和抑制负面情绪是教师的基本职业素养。教师应实现情感自控。

第一，不要把负面情绪带入课堂。教师工作时间长，有很多事情需要处理，这不可避免地会导致消极情绪的产生，如苦恼和焦虑。教师应该在课堂上消除不良情绪，不应该因为学生的不良情绪而跟他们生气，也不应该向学生倾泻无名之火。有些教师缺乏热情，对于学生的缺点不是给予善意的批评，而是给予尖锐的讽刺和训斥，这会分散学生的注意力，给课堂教学造成不良后果。

第二，不要被学生的情绪控制。在课堂上，学生不可避免地会分心、不守纪律或与教师发生矛盾。在这种情况下，教师应该提醒自己始终保持冷静。冷静是有道理的。否则，急躁、愤怒容易被夸大，失去教育判断力，导致教育疏忽。

第三，注意避免偏袒学优生和歧视学困生。一般来说，学优生有很多优点，容易被教师喜欢，而那些所谓的学困生容易被教师忽视。教师对学优生的偏爱会让其他学生感到不公平，从而影响听课的心情，也可能给学生的发展带来不利影响。对学困生的偏见不仅会阻碍他们的学习，还会伤害他们的自尊心，影响他们的学习热情。因此，在课堂上教师应该平等对待所有的学生，让每个学生都能感受到教师的尊重和信任，应该用真诚的爱温暖所有学生的心。

（3）行为自控。在课堂教学中，教师自身的行为往往不容易被自己察觉。例如，一些教师经常在课堂上使用口语表达，而一些学生对口语表达特别敏感，经常集中精力检查教师一节课能重复多少次。一些学生的注意力分散通常是由教师的音调太高或太低、节奏太快或太慢造成的。有些教师教学风格严格，表达不灵活，总是面无表情。还有一些教师经常做多余的动作，导致学生感到无聊和冷漠。所有这些，如不经人提醒，教师是难以察觉的。正所谓"当局者迷，旁观者清"。从教师的这些行为中可以看到，有时学生在课堂上分心是由教师造成的。为此，教师要规范自己的教学语言和课堂行为，讲课的层次和节奏要适合学生的心理特点，语调要注意节奏和起伏。值得指出的是，教师真正的严肃并不在于他板着脸，这只会让学生感到恐惧，产生表面效果，而没有实际效果。因此，教师应根据教学内容，表情丰富一些，及时表达情感。与此同时，教师应该穿着优雅，举止得体，说话有礼貌，态度和蔼，不要耽误上课。教师良好的课堂行为是让学生关注和保证课堂秩序的关键。因此，教师应该规范他们的课堂行为，并且时刻注意他们的言行。

2．运用注意规律组织教学

学生的学习过程本质上是一个输入、存储、转换和提取外部信息的过程。因此，注意力在学生的学习过程中起着重要的作用，尤其是在课堂教学中。著名的苏联教育家乌辛斯基曾经把注意力比作灵魂的"一个唯一的门户"，知识的阳光通过它照耀着大家的心灵。有些学生学习成绩差并不是由于智力低下，而是由于缺乏良好的注意品质。上课时，他们心不在焉，心猿意马，做作业时很不专心，东张西望。由于他们学习的时候不能集中自己的注意力，通向心灵的门户关闭着，因此，他们对输入的信息不能进行合理的选择，也不能对重要的信息进行进一步的合理加工，在这种心态下，他们不可能熟练地掌握知识并形成技能。有经验的教师应该注意在课堂上组织学生的注意力，使学生的精力能够被引导和集中在要学习的知识上，这是保证教学成功的重要条件。

（1）运用无意注意规律组织课堂教学。无意注意主要是由于刺激本身的特点。刺激本身具有强烈的变化性和新异性，这不仅会导致学生在学习中"分心"，而且会被教师用来服务于其预期的教学目的。作为教师就应当充分利用无意注意的有利因素，最大程度地防止无意注意的不利因素对教学工作的影响和干扰。

在利用无意注意规律来组织课堂教学时，要做好下面两点：

首先，注意教学内容的新颖性与趣味性。一般来讲，新颖的事物容易引起人的无意注意。根据这个规律，教师在教学中可根据教材内容适当补充书本上没有但与教材联系密切的内容，既开阔学生的眼界，又引发学生的学习兴趣。此外，还要善于联系生活实际进行讲授，教学生如何做人，如何做事。为了吸引学生注意力，教师的讲解应做到生动形象，通俗易懂，富有趣味性。因为精练、准确、生动形象的语言耐人寻味，富有启发性和感染力，可以引发学生思考，激发他们的学习动机。这是许多教师成功的经验。其次，注意教学方法的灵活性与多样性。多样而恰当的教学方法，能使学生保持学习的积极性。因此，教师在进行教学时，应注意采用多种教学方法，吸引学生的注意力。如开门见山、制造疑问、诱发灵感、前后联系等。课堂上经常变换导言方式且运用得巧妙，使学生感到每节课教师都有新招，招招有特色，学生上课自然就会有强烈的求知欲望和发自内心的学习要求。

此外，为了吸引学生的注意力，在讲到重点或难点部分时，要放慢语速，加重语气，提高音调，关键词句适当重复，难懂部分举例说明。讲课中教师语言抑扬顿挫的变化会使学生注意力格外集中。同时，教师在讲课时不要一节课一种姿势不变，但也不要动作过分频繁，教态要端正、自然，适时变换自己所处位置，讲到重点部分或表达有感情色彩的内容时适当辅助一些手势，以加强感染力。为了不使课堂气氛沉闷单调，教师要善于表露感情。一般讲解时，表情要亲切自然，讲到激动人心之处，要显示出愉快的样子。必要时，还可表现自己伤心和生气的样子，使学生感受到教师感情的感染力和影响力，保持学生积极的情绪体验。值得指出的是，教学内容的讲解、教学方法的灵活运用都要以是否充分考虑学生的兴趣需要和知识体验及情绪状态为前提，以能否满足学生的学习需要、激发其学习兴趣、为学生所接受为条件。如果答案是肯定的，说明教师的教学方法恰如其分，确实保证了教学的科学性和趣味性，充分发挥了无意注意规律在组织教学中的作用。

（2）运用有意注意规律组织课堂教学。有意注意是有预定目的的，必要时需要意志力。教师的教学既要让学生对学习活动本身产生兴趣，用无意注意规律来调节，更需要学生理解学习目的和意义，依靠有意注意来保证学习任务的完成。在运用有意注意组织教学时，教师要注意以下的两个方面：

第一，帮助学生明确学习目的，激发其学习动机。教师在讲每一门新课、每一个单元或每一个问题之前，要说明学习这部分的目的、要求和意义。帮助学生阐明他们的学习目标是组织教学的一种常见方式。只有当目标明确时，学生才能有明确的学习目标，他们才有实现目标的愿望。学生对学习目的的理解越清楚和深刻，他们对学习的兴趣保持得就越长。它真正把教师对学生的学习要求转化为学生自己的愿望，实现了"想我学"转化为"我想学"的教学目的。

第二，课堂教学组织严密，教学活动有条不紊，防止学生注意力分散。上课之前，教师应该设计好每一个教学环节，科学分配讲、练、板书、演示所用的时间，使教学进程有条不紊，环环紧扣，无脱节现象。要保证提出的问题富有启发性，能体现学生在学习中的主体作用，问题与问题之间有过渡语，贯穿知识的系统性。这样一环扣一环，前后连贯，相互衔接，就会防止学生注意力分散。

（3）无意注意和有意注意交替使用。在课堂教学中，无意注意和有意注意规律在教学中的运用是必不可少的，教师可以在一节课中交替使用无意注意和有意注意。如课前学生注意力分散，兴趣转移，需要教师通过组织教学来吸引学生的有意注意。刚开始讲课，学生对教师都有一种期待心理，为了满足学生的这种心理，不使学生失望，教师要格外讲究开讲方式，以吸引学生的无意注意。如果教学方法新颖、独特、有特色，能够把握学生的心理，学生自己就会认真听课。这时，教师的教学由无意注意转化为有意注意。教师应把教学的中心环节和关键部分安排在学生注意力集中、思维最活跃的一段时间里。下课前的几分钟，学生容易疲劳，从而导致分心，在学生还未分心时，教师通过教学方法的转变，如设置问题，引发学生思考和回答一些简单有趣而富有启发性的问题，讲一些与教材内容有关且贴近生活的例子等，使学生感到轻松愉快。这样一来，学生不但不会感到疲劳，反而有"唯恐聆听之不周，不知铃声之即响"的感觉。正是这两种注意规律相互交替使用及巧妙地结合，使学生注意有张有弛，对学习一直保持着良好的注意状态，感到听教师讲课是一种享受而不是一种负担。

可见，机智地运用无意注意与有意注意相互转换和交替的规律组织教学，是保证学生注意力稳定集中的重要而有效的措施。

3. 组织开展丰富多彩的教学活动，吸引学生主动参与

课堂教学中师生互动不能和谐、协调的根本原因，是一些教师在思想观念上认为把教学内容讲好了，学生自然就学懂学会，非常不重视引导学生参与教学活动，课堂上只有教师的"动"而没有学生的"动"。其实在课堂教学中学生积极参与教学活动是非常重要的，因为学习毕竟是学生的学习，只有他们动脑、动手、动口，才能真正学到知识。因此，教师在课堂教学中要有意识地组织开展各种各样丰富多彩的教学活动，努力创造条件让学生有参与课堂教学活动的时间和机会，引导学生主动积极地学习。引导学生参与教学活动的方式有很多，提问、朗读、课上练习、动手操作等是平时教师用得比较多的方式，小组讨论、课堂辩论、学习竞赛、分角色演课堂剧等方式也可以根据具体教学的情况加以采用。只要教师有引导学生积极参与课堂教学的思想观念，就能想到方法甚至是新的方法，吸引学生参与到课堂教学的活动中来，从而使"教"的活动和"学"的活动和谐与协调，不断地提高教学的效果。

第三节　课堂教学各个阶段的组织

一节课的教学时间虽然不是很长，但课堂教学的进程却表现出非常清晰的阶段性，每个阶段又表现出很鲜明的特征。从狭义上讲，以完成一节课的教学实际出发，课堂教学的组织被划分成课前的组织、导课的组织、课中的组织、结课的组织四个阶段，课堂教学的各个阶段各有其特征，因此每个教学阶段的组织应该有所不同。

一、课前的组织

课堂教学活动的过程复杂而细致，要在有限时间内将大量有效的信息传递给学生，就必须事先进行周密的安排与计划。"台上三分钟，台下十年功"，有效的课前准备是必不可少的。课前准备工作包括：备学生，即掌握学生的知识水平和学习习惯；备教材，即吃透教材；还要考虑教学目的、原则和方法。备课过程中，教师要结合大纲、教材的要求和学生的具体情况，提出每一单元、每一节课的教学目标，确定重点难点，选择合适的教法等。在备课时，教师要把教学过程像电影情节一样在脑海中放映，应预设教学中可能出现的问题，加强课堂教学的计划性和预见性，进而真正发挥教师的主导作用，引导学生有效地进行学习，从而保质保量地完成教学任务。反之，没有准备的教学则会阵脚大乱，达不到预期效果。人们常说，教师要给学生一碗水，自己就要有一桶水。在知识爆炸的今天，教师应紧跟时代的步伐，为学生提供新鲜的水，为自己源源不断地注入活水。

教师除了备好课之外，还要重视候课，预备铃至上课铃之间的正式开始上课前的短暂时间段即为候课，这个阶段时间虽短，但组织教学的工作是否做好了，对课堂教学是否顺利进行影响很大。一般情况下，教师都要做到打了预备铃，就到达教室，一方面提前进入教室给学生亮相，另一方面检查学生课前准备情况。

正式上课前就明确给予学生准备上课的信息是很重要的，特别是在下面的情况出现时，教师必须提前进入教室，给学生亮相，以避免正式上课时的混乱。如，上一节课如果是体育课、活动课等活动量偏大的课程，课间休息学生仍然会处于高度的兴奋中，就算打了预备铃，学生仍然难以平息下来，很多时候会影响当前这节课的课前准备。因此，教师如碰上这种情形就必须提前到教室亮相，让学生知道下一节课很快就要开始了，从而调整自己，做好课前准备。教师穿了一套从未穿过的新衣服、理了一个学生从未见过的新发型等，都容易引起学生的好奇心，如果教师不提前到教室，正式上课时就容易引起学生的骚动和混乱。因此，在这种情形下教师也必须提前到教室亮相，让学生看够了就能消除好奇心，保证正式上课时的良好秩序。

为了保证正式开始上课时有一个良好的课堂秩序，教师还要在候课阶段检查学生的课前准备工作，及时给予学生正确的上课行为方式的指导。中学生自觉性和自律性还不强，往往不重视课前准备工作，在候课阶段教师及时给予他们课前准备工作的指导，对形成良好的课堂教学秩序有很重要的作用。

二、导课的组织

导课的阶段是指已经上课，但还未正式开始进入新内容学习的这个时间段的教学阶段。导课阶段仍然是比较短的，一般也就是几分钟时间。导课阶段的教学组织如何，对接下来的教学效果影响很大，所以有些教师说"好的导课等于成功了一半"，是有道理的。课堂教学的导入有以下几点功能：

（1）集中注意，激发兴趣。好的导课，如高手对弈，第一招就为全面胜利铺垫基础，有一石激起千层浪之妙；又如钢琴家演奏，弹出的第一个音符就悦耳动听，给人一种激情夺魄的艺术震撼力。因此，导课讲求第一锤就敲在学生的心上，像磁石一样吸引住学生。例如，有位教师在讲呼吸系统功能时，以《人在囧途》电影中老婆婆被枣核堵住呼吸道，通过海姆立克急救法救治这个片段导入课程，2分钟视频激起学生强烈的好奇心和学习欲望。可见，良好的课堂导入可以吸引学生的注意力，激发学生的求知欲，为上好课奠定基础。

（2）开启思维，引发思考。课堂教学中，学生不应被动接受知识，而应积极进行思考，这样才能实现思维的发展。巧妙的课堂教学导入就像一颗火种，能够点燃学习思维的火花。例如，讲PCR扩增技术时，从复习DNA半保留复制原理引入课堂，引导学生思考，计算DNA模板经过1个PCR循环获得2个新链，以新链为模板进行第2个循环获得4个新链，依此类推，经过 n 个循环，能获得多少个DNA分子？这样的导入模式活跃了学生的思维，教师由此顺势导入新课。

（3）画龙点睛，指明重点。每节课的重点不一定要在课堂教学活动正式展开后向学生指明，在课堂导入时也可以直接突出重点，起到"未成曲调先有情"的效果。例如，学习血细胞组成时，教师先给学生看血常规化验单，明确本节课的主要目的是了解血细胞由哪些成分组成。在课堂导入环节，教师就为整节课奠定基础，很自然地交代出了教学重点。

（4）温故知新，过渡衔接。在课堂导入过程中，在回顾旧知识的基础上，不断发展和深化，形成新的学习内容，不仅有助于学生巩固所学知识，还能为学生理清思路，激发探索新知识的思维。这是一种常用的教学手段，可以通过课堂提问复习、教师带领学生一起回忆上节课知识、点评作业或实验效果等方式实现。这样有助于将已有知识与新知识建立联系。

对导课的组织历来受到教师的重视，并创造了很多导课的组织方式。下面是两种主要的导课组织方式：

(一)"环视法"组织

这个方法其实是利用目光去指挥和调控学生的行为，即用目光扫视、照看班中的学生。用目光照看时可以是全面扫视，也可以是点视，也可以是定视。一般情况下，一开始上课时先用扫视，如果全班学生都已集中精神，就可以开始进行教学活动；如果扫视的过程中发现个别学生还未集中精神上课，就可以用目光指向这些个别学生的方向进行点视；如果某个学生仍未改变，目光可以集中于这个学生而不移动，直至改变为止，这就是定视。

利用"环视法"组织教学是最经济的方法，它既可以解决全班学生注意力不集中的问题，也可以解决个别学生的纪律问题。同时，它不仅应用于导课的组织，也广泛应用于各个教学阶段的组织。

(二)"课引子"组织

开讲是课堂教学中的一个重要环节。所谓开讲，就是每一节课"怎么开始"的问题，又称"导入新课"。如果一堂课开始时像嚼蜡一样无味，就没有办法激发学生的热情。因此，为了达到良好的教学效果，大大提高教学质量，每位教师都应该重视"开场白"的环节，熟悉开场白的方法和艺术性。课堂教学的开讲导入方法又称为"课引子"组织，其方式方法有很多，概括起来有以下十几种：

1. 温故开讲导入

温故开讲是通过对旧知识的回顾和复习，过渡到新知识的引进，这种方法符合学生的认知和教育规律，是各科常用的导入方式。在回顾旧知识的基础上，将旧知识与新知识进行比较，找出旧知识与新知识的区别和联系。当学生感受到新知识时，他们既有思想准备，又有知识基础。新旧知识之间的内在联系越紧密，学生的注意力就越集中。教师要清楚温故导课中的"温故"只不过是一种手段，导入新课才是真正的目的，因此在具体导课时切不可颠倒主次、喧宾夺主。如在学习"人的体细胞中的染色体"的知识时，可以结合前面所学的体细胞染色体的特点——数目恒定且成对出现，引出人的体细胞中染色体虽然有两类，但同样是成对出现的，进一步展示男性和女性体细胞染色体的图片。这就是由"染色体在体细胞中一般是数目恒定且成对出现"而导入新课的学习。

2. 衔接开讲导入

这是最常用的导入方法。它主要是基于知识之间的逻辑联系，从教学知识的整体结构出发，寻找新知识和旧知识之间的连接点，按照同一类型知识的顺序将前一个知识和后一个知识联系起来，并从前一个知识向后一个知识过渡，介绍新的经验教训。复习导入、问题导入、练习导入和作业导入都可以归入这个类别。使用这种方法应注意：首先，找出新旧知识之间的连接点。连接点的确定是基于对教材的仔细分析和对学生的深入了解。其次，连接道路和创造机会复习、练习和提问只是手段。一方面，有针对性的复习应该为学习新知识铺平道路。另一方面，在复习过程中应该以各种巧妙的方式设置困难和问题，使学生的思维暂时混乱或受阻，从而激发学生的思维热情，创造传授新知识的机会。如在讲"物质跨膜运输的方式"时，可以先让学生回顾前面学习的生物膜的结构特点、功能特点以及水分子进出细胞的方式，然后顺势引入：水分子进出细胞是由高浓度到低浓度，那么其他物质是如何进出细胞的呢？这样就可以根据前面学习的细胞膜的特点来学习物质是如何进出细胞的。

3. 设疑开讲导入

从教育心理学的角度来看，提问可以激发学生的兴趣，激发他们的思维，发展他们的智力。因此，教师应从发展学生的智力入手，善于设疑，引起学生心理上的悬念，使他们处于暂时的困惑状态，进而激发解决疑惑的兴趣。这种方法的应用必须注意以下两个方面：一是根据教材的重点、难点，从新的角度巧妙设疑；二是以疑激思，善问善导。通过设置疑问引起学生的好奇心和求知欲，这样学生的思维活动和情绪便与教师讲课交融在一起。如在讲到"组织和器官"时，可向学生提问："构成植物体的基本单位是什么？""微小的细胞是怎样构成一个庞大而完整的植物体的呢？"设疑使学生处于积极思维的状态。

4．目的开讲导入

教师在开讲时先简明扼要地向学生说明教学的目的，使学生做到心中有数，从而激发学生学习的积极性，及时调整自己的注意力，掌握学习的主动权。目前进行的目标教学法大都采用这种方法导入新课。

5．直接开讲导入

直接开讲导入法指在课堂开始时，教师从要点开始，指出在课堂上需要学习的内容和要求，从而引起学生的注意。这种引入新课的方法是最简单的。教师普遍对高年级学生采用这种方法，因为低年级学生学习能力和意志力不强，教师直接引入往往收效甚微。此外，一些新教师经常使用这种方法，因为他们不太了解学生的知识、能力水平和兴趣，所以他们经常开门见山直接点题。

6．兴趣开讲导入

以引发学生兴趣作为课堂教学的开头。教师可以抓住学生的年龄特点，用故事、寓言、传说、谜语、歇后语、情境表演、游戏等形式创造情境、开讲导入，启迪学生思维，活跃课堂气氛，集中学生的注意力，感悟其中的道理。如在讲"细胞的能量货币——ATP"时，可以从生物体或生活中能量的获得和转化入手，像生物放电、萤火虫发光等现象引发学生学习的兴趣。

7．激情开讲导入

讲课前，教师用生动的语言、丰富的表情和多变的动作营造一种强烈

的情境氛围，激发学生的情感，唤起学生的学习兴趣。

8. 悬念开讲导入

悬念即暂时悬而未决的问题。利用悬念激发好奇，催人思索，它能激发学生对课堂教学的兴趣，使学生急于找出问题的根源，并在探究的心理状态下接受教师发出的信息，往往事半功倍。在课堂开始时，教师应善于结合教学内容的性质，根据教学目标，把要教的问题转化为悬念，引导学生关注教学目标。

9. 观察开讲导入

教授新知识前，先让学生观察有关的事物。如在讲授食物链的组成时，给学生展示图片和动画，请学生观察食物链的组成及关系。

10. 实验开讲导入

在课程开始时，教师巧妙地设置了实验，这样学生可以通过观察实验发现规律，进行总结，推断结论，然后教师介绍新的课程。这种方法在中学生物、物理和化学教学中得到广泛应用，因为这些学科中的许多内容都是抽象的，如细胞分裂和代谢、神经传导、分子和电子的运动、物质的组合和分解等。没有图像实验和演示通常很难理解。通过实验引入新课程不仅可以帮助学生理解抽象知识，还可以激发学生的思维活动，有意识地分析问题，探索规律。使用该方法应注意两点：第一，实验设计应巧妙、新颖、有针对性；第二，要善于根据实验中的现象和结果提问并启发学生，鼓励学生思考和探索。

11. 实践开讲导入

在新课之始，教师有选择性地展示挂图、实物、标本、模型或通过让学生亲自参加某种启发性强的实践活动，调动学生学习积极性，使知识直观形象地进入学生头脑。因这种导课方式的实践性强，又多关系到师生双方，所以也常为教师采用。如讲授呼吸系统功能时，教师用橡皮塞塞住塑料瓶，请学生挤压塑料瓶，由残留气体挤压瓶塞，将其冲击出去，引导学生理解呼吸系统阻塞后采用的急救原理，激发学生想要探究呼吸系统组成结构和功能的兴趣，这样导入，学生有亲身感受。

12．讨论开讲导入

上课伊始就组织学生讨论，以启发学生的思维，集中学生的注意力。讨论内容可以是上节课留的作业，也可以是本节课新的授课内容。讨论结束，小组代表分享讨论交流结论，分享经验，在学生初步体会的基础上进行新课讲授，学生接受起来比较亲切、自然。

在课程开始时，仍然有许多介绍的方式和方法，如笑话介绍、视频介绍、幻灯片介绍、图片介绍等。有些形式是相似的，可以从一个类比到另一个。只要勤于思考和学习，就不难设计出新颖独特的介绍方法，但必须注意介绍的科学性和时效性，简洁灵活，不喧宾夺主。必须坚持课堂教学中心，简洁实用，才能充分发挥开讲介绍的作用。

三、课中的组织

课中是指导入新课后一直到完成新内容的教学为止的课堂教学阶段，这个阶段时间最长，一般会有30分钟左右，师生的"教"与"学"主要在这个阶段进行，它是课堂教学的中心阶段。教学秩序的好坏、教学效率的高低、学生学会与否等都与课中的组织相联系，因此该阶段的组织工作就尤为重要。首先要认真按课堂教学设计的方案进行教学，其次要密切注意教与学的活动和谐与否，及时做好调控的组织工作，使课堂教学能够顺利进行。要做好课中的组织工作，有两个方面是要特别注意的：

（一）掌握好教学活动的节奏

课堂教学节奏是指在课堂教学过程中，各种可比较的成分（教学密度、速度、难度、重点度、强度和激情度等）以一定的时间顺序有规律地交替出现的形式。它也指统一和正常的工作过程。在课堂教学中，中速、适度、灵活的教学过程是有效的教学节奏。通过这些可比较成分的定期交替和变化，教师不仅可以有效地表达自己的情感和态度，突出教学的重点和难点，还可以有效地调节学生的注意力，组织好课堂。因此，处理好课堂教学节奏不仅是教学本身的要求，也是课堂教学组织的需要。

课堂教学节奏要根据学生的状态进行及时调整。在课堂上45分钟的时间里，学生的学习状态有振奋、愉悦，也有疲倦、松懈。这就要求教师把握这种在课堂上交替出现的强弱、长短的现象和特点，及时调整组织好课堂教学。在听课过程中，学生的兴奋中心随着时间的推移而有规律地变化。课堂教学的前15分钟和25—40分钟的15分钟是学生脑力的最佳状态，也是教师传授知识和技能的最佳时间。课堂内容的重点应该放在这段时间。15—25分钟是学生课堂学习的疲劳期，也是学生情绪相对平衡的时期。最好是处理一般性问题、练习或学生自学。

如课堂教学内容需要也可以在学生"疲劳区"形成一个教学的"小高潮"，使学生既可以在精神上获得放松，又可促进其对教学内容的顺利吸收。

1. 构成课堂教学节奏的可比要素

（1）课堂教学的密度。课堂教学的密度是指单位时间内完成一定"质"的教学任务的程度。这里的"质"指的是有效信息，又称为安排传授知识、培养学生的容量。新知识多密度就大，其衡量的主要依据是教学内容的详与略、展与收。

一节课的内容应详略得当。教学中，哪些内容需要讲授，哪些内容需要练习，哪些内容需要写板书，哪些内容是重点、难点，哪些内容可自学，教师都应心中有数，严谨有序。一节课的教学内容，切忌讲得面面俱到，教师要从整个教学计划、课程特点和学生实际出发，对教学重点要浓墨重彩，而对次要的、学生易理解的部分则应轻描淡写。

（2）课堂教学的速度。课堂教学速度是一个对教学的量的定义。它是指在单位时间内完成的教学任务的数量，包括新知识的教学，也包括旧知识的巩固和利用。应防止两种极端倾向：速度太快，学生反应跟不上，只能干瞪眼，造成学生"消化不良"；速度太慢，迂缓拖沓，搞得学生无精打采，这样的教学很难成功。一节课前紧后松，会造成一大堆"夹生饭"，或前松后紧，虎头蛇尾，草率收兵，这种"超前"或"滞后"都是不正常的。讲课的速度宜快慢交替，使人听了有错落之感。

（3）课堂教学的难度。课堂教学的难度是指教师教授和表达教学内容以及学生理解与应用知识的难度。课堂教学的难度与深度直接相关。所谓的"深度"实际上是指学生掌握所学知识的程度。它是指每个课堂教学的最终目标和要求，是优化课堂教学的基础。明确的教学目标首先意味着教学符合课程标准的要求，符合教材和学生要掌握知识的实际情况，具有针对性。其次，课堂上的所有活动都是围绕教学目标紧密进行的。为此，教师应准确找出本课的内容、学生应掌握的知识点和能力点，并将其作为备课的基本教学目标。

为了有效地克服教学内容的难度，教师应该注意在课堂教学中设置梯度。梯度也称为坡度。促进学生接受新知识，优化课堂教学的关键是运用知识转移，巧妙设置坡度。学生的学习和认知活动中有许多因素是相互关联的，这是一个极其复杂多变的过程，是一个将外部知识转化为学生内部精神财富的过程。根据这一认知活动规律，教师应注意把握新旧知识的联系，引导学生通过运用旧知识掌握新知识。特别是教师在教授难度较大的教材时，应及时添加中间过渡问题和步骤，突出重点，从而降低梯度和难度，使学生认知结构的构建顺利进行。

（4）课堂教学的重点度。课堂教学的重点度是通过比较建立起来的相对概念。它是指课堂上重要或主要的教学内容在所有教学内容中所占的比例。为了体现教学的重点度，应注意教学内容的展和收。

所谓"展"是指扩大和拓宽，即教师根据教学目的的要求，围绕教学重点，对教学内容或开门见山，或层层深入，展开说明，或激发想象力。

所谓"收"是指教师对课堂教学内容及时总结,从展示到收集,从材料知识到理论理解。它不仅是旧知识的暂时终结,也是新知识探索的开始。展与收是辩证统一的,盲目地"展",漫无目的地随意联系,信口开河,或者说得太深,罗列太多材料,只会扰乱学生的思维。但是盲目地"收"会让学生感知狭隘,脑子僵化。这里需要注意的是,不论展与收,都必须以课本为标准,不宜随意拔高,超过学生的认识水平。否则,只能使学生望而生畏,丧失信心。

(5)课堂教学的强度。课堂教学的强度是指教师和学生在单位时间内教或学一定难度或一定量的教学内容所引起的双方身心疲劳程度。课堂教学的强度不仅关系到课堂教学内容的数量,也关系到课堂教学的难度和重点度。为了合理安排课堂教学的强度,教师不仅要注意教学内容的细节、教学速度和教学难度的分布,还要注意教学语调的波动。

好的语调节奏应该是,为了突出重点,声音突然提高,以吸引每个人的注意力,并让一些不听讲课的学生感到震惊。有时候,当谈论一个精彩的片段时,压低声音也会吸引学生的注意力,并鼓励他们仔细品味。有时候,突然来个停顿,让学生体会一下此时无声胜有声。教师就像一个乐队的指挥,让学生的思维遵循教师的指导,有时紧张,有时舒缓,有时困惑,有时豁然开朗。总之,教师的语言应该根据教材的特点和学生听课的心情,有起有落。教师应该善于调节声调的变化,增加语言的魅力,从而产生最佳的教学节奏。

(6)课堂教学的激情度。课堂教学的激情度是指师生沉浸在教学的美中,在情景交融的状态下所产生的情感共鸣和情绪高涨的程度。激情高涨的出现往往标志着教学高潮的到来。

教学激情度的直接体现是教学气氛的浓与淡。所谓"浓"是指教师强烈、高尚、炽热、激动人心的情感色彩。所谓"淡"是相对浓而言的,"浓"和"淡"是教师课堂教学情感的外在表现。它要求教师根据环境改变他们的感受,并不时以不同的方式表达他们的感受。教师积极良好的情感创造了生动活泼的课堂氛围,它能使学生的大脑皮层处于兴奋状态,容易激发学习兴趣，使学生更好地接受新知识。

可见，教师在课堂教学中正确处理好教材讲授内容，做到收展自如，浓淡相宜，将会收到良好的教学效果。

教学节奏的取得，可通过重复、穿插、高与低、强与弱、动与静等有规律的变化来实现。重复是有意识地反复强调重要的内容，但这种重复应有高低、强弱、动静等变化规律。以上六种可比要素都可以按照"弱（低、静）→强（高、动）→弱（低、静）"或"强（高、动）→弱（低、静）→强（高、动）"的趋势来变化，并使之形成多次循环，造成多次小高潮，使教学跌宕有致、起伏自然，给人一种节奏美的愉悦。除了以上两种变化外也可用"弱→渐强→强"或"强→渐弱→弱"的变化形式，这两种模式的交替循环，也可以造成一种连续不断的波浪式节奏，也能收到较好的节奏美感。为了构成整体的节奏美，在课堂教学中也可以将以上几种可比要素重叠或穿插起来进行，如将高强度与高激情度、高激情度与高重点度放在一起。实际上一堂课的教学总要把课堂教学的各种要素综合起来加以考虑，课堂教学节奏的体现就是构成课堂教学节奏的各种可比要素的综合体现。

2. 课堂教学节奏的调控方式

课堂教学的节奏把握得是否恰当，是一节课能否获得较好效果的关键。因此，把握课堂教学的节奏要学会一些调控课堂教学节奏的方式，提高课堂教学的组织效果。在调控课堂教学节奏时要注意以下几点：

（1）注意整体的教学节奏。教学过程是教师依据一定的目的、计划、方法，引导学生掌握系统的科学文化基础知识和技能、发展智力、培养能力、提高素质的过程。一节一节的课，构成了一门学科的知识体系。在安排一节课的教学容量时，必须考虑这一节课在某门学科的知识结构中的地位以及它在整个认识过程中的作用，以此来掌握课堂教学的总体结构，这就是整体的教学节奏。根据这种节奏，教师应合理安排每节课的教学内容和进度，避免因时间和进度仓促而导致课堂教学整体节奏混乱，让学生吃

"夹生饭"。

（2）体现教学节奏的渐进性。任何一门学科的知识都具有严密的逻辑结构，要形成一个完整的知识体系，是有"序"可循的，是渐进的。教师应遵循从量变到质变的认识发展规律、依据学生循序渐进的思维方式和思维发展阶段，采用逐级渗透、不断提高的方法；确定一节课的教学重点、难点，把握速度的快慢、急缓，使学生的知识层次由低级向高级发展。

（3）教学节奏要强弱搭配。所谓强弱搭配，就是依据一节课的分量和采用的教学方法、教学组织形式和学生现有的知识水平，确定一节课的教学力量的强点和弱点，因此，一节课的强弱搭配要从两个方面考虑：一是学生的知识水平，二是教材本身的难易程度。譬如，学生的认识能力有限，教材的难度较大，教学过程中则应放慢节奏；反之，则应适当加快节奏。

（4）教学节奏要有停顿。人的认识总是由浅入深、由低级向高级发展的，在课堂教学中，当学生对某种知识的认识已达到了一定的境界，要求提高到更高的水准时，教师不能在原有的教学层次反复，而应有一个极短暂的休整，激发学生的求知内驱力，为获取新的知识做准备，然后把教学推向一个新的层次，这就是教学节奏停顿。因此，教学过程中一个短暂的停顿，是激发学生新的需要、推进教学向更高层次发展的一个重要方法与必要环节。

停顿是教师课堂教学的艺术。在教学过程中，如果教师能恰当地使用语言停顿（非标点停顿），就能激发学生的注意力，诱导学生思考，给学生留下回味的空间，从而收到良好的教学效果。如果在提问前和提问后有短暂的停顿，这将鼓励学生以清晰、有组织和准确的方式思考并回答问题，这可以防止学生以零敲碎打的方式回答问题。

（5）教学节奏要适时变换。在一节课中，如果只让学生做同样的活动，就容易疲劳；过分频繁地改变活动，也是不好的。在教学过程中，教师一方面应当不使学生的学习负担过重；一方面应注意方法的多样性，让学生的各种器官都参与活动，以免单调乏味，这就是教学节奏的变换。教师在设计一堂课时，必须注意方法的多样性、思维的起伏和形式的变化，这样学生的思维才能不断调整，注意力才能更加集中。

（6）教学节奏要动静相宜。所谓"动"是指教师在课堂教学中运用启发式教学原则，使学生能够更多地使用大脑、嘴巴和手，学生应该敞开他们的思路，广开言路，这样每个学生都有机会"表达自己"。所谓"静"是指教师为了某种教学目的，在课堂上安排一段短暂的安静状态，使学生能够积极运用大脑思考问题的意图。"动"是思维的外在表现，"静"是思维的深层内化。一个好的课堂教学环境需要"动"和"静"。然而，"动"并不意味着嘈杂的活动，它意味着动中有静，其中包含让学生仔细而平静地思考的因素。"静"不是松弛和无精打采，而是静中有动，这样学生就可以积极运用大脑，激发思考而不发出任何噪声，这是教学节奏之美所必需的。只有正确处理好动与静的关系，课堂教学才能体现灵活多变的和谐节奏美。

总之，课堂教学的节奏是教学过程中必须注意的一个因素。把握好节奏，课堂气氛活跃，学生学习热情高，教学双边活动配合协调，教学效果就好。因此，在教学过程中，教师必须把握教学节奏，提高课堂教学的组织效果。

（二）调控好学生的注意力

维护课堂教学的正常秩序应从多方面进行组织，其中一个非常重要的部分就是在教学过程中集中学生的注意力。在教学过程中，学生因各种原因分心是正常的，但这会影响学生的学习，有时会扰乱教学秩序。因此，教师在教学过程中应始终关注学生的表现，及时控制学生的注意力，以保证教学的顺利进行，提高教学效果。课堂上有很多方法可以调控学生的注意力。通常使用以下方法：

1. 声音调控

声音调控是指教师通过改变语调、音量、节奏和语速来吸引和调节学生注意力的努力。例如，语速的变化有助于吸引学生的注意力。当教师从一种语速改变到另一种语速时，分散的注意力将被重新聚焦。如果在解释中适当增加音量和减慢速度，可以起到加强注意力和突出重点的作用。

2．提问调控

课堂教学中的提问在调节学生注意力方面起着特殊的作用。一般来说，教师提问后会有短暂的停顿，每个学生都有可能回答这个问题。因此，学生在教师提问后会感到紧张，认真思考问题并准备回答教师的问题。学生没有时间分心。同时，教师有意识地问分心的学生或问分心的学生的同桌，对分心的学生有警示作用，使他们集中注意力。

3．停顿调控

在讲述一个事实或概念之前短暂的停顿可以有效地吸引学生的注意力。在解释中间插入停顿可以有效地吸引学生的注意力。适当的停顿会产生明显的"刺激对比效应"。噪声中突然的寂静能牢牢抓住人们的注意力。一般来说，暂停时间大约是三秒钟，这足以吸引学生的注意力。暂停时间不应太长。长时间的停顿会导致学生的注意力不集中。也不可毫无停顿，一些教师甚至经常用重复的单词来填充停顿，把停顿误认为"沉默"。事实上，没有变化或停顿的演讲最容易使人分心和疲劳。

4．眼神和表情调控

教师眼睛和面部表情的变化也能调节学生的注意力。例如，师生之间的眼神交流可以向学生表达教师的暗示、警告，也可以表达期望、鼓励、询问、怀疑等情感。教师的面部表情、头部动作、手势和身体动作也传达了丰富的信息，有助于师生之间的交流并调节学生的注意力。

5．变换教学媒体调控

在课堂教学中，学生主要通过文字和符号的信息传递方式来学习，这种单一的信息传递内容容易导致学生疲劳和注意力分散，教学效率也容易受到影响。因此，教师应根据自己的需要适当改变教学媒体，通过图表、实物、幻灯片、电影、电脑等媒体的交替使用，充分调动学生的感官获取信息，实现多渠道的信息传递，不仅能有效调控学生的注意力，增强学生对知识的感知，还能促进学生对知识的记忆、理解和应用，促进学生将知识向能力的转化。

6．变换活动方式调控

实践证明，改变课堂活动可以有效调动和集中学生的注意力，提高课堂教学效率。课堂活动包括师生交流、学生活动和在课堂教学中的教学评价。教师应根据教学需要改变课堂活动方式。例如，从教师讲到学生讲，从静态学习到实践学习，从小组讲座到小组讨论，等等。这些变化将激发学生新的和不同的想法，加强学生的注意力，激发他们的参与兴趣，从而达到提高教学质量的目的。

四、结课的组织

结课是课堂教学过程发展的最后一个教学阶段，因为每个"班"都有一个固定的教学时间，而结课是下课铃响之前很短的一段课堂教学时间，这时教学时间就会用完。经过近40—45分钟的课堂强化学习，学生们普遍感到疲劳，有些甚至开始分心。

（一）结课的组织要求

1．按时下课，不要拖堂

教学的内容已经教完、学完，这时又刚好打下课铃，那就宣布下课。如果教学内容由于某种原因已经无法按原定计划完成，若要强行完成预定的教学任务，就必须拖堂，而这是最不明智的教学行为，因为学生是最讨

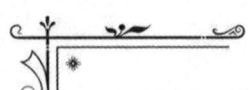

厌教师上课拖堂的。如果碰到这种情况，可以采用留问题的方法，即布置一个与学习内容有关而又能衔接已学和未学的问题，然后宣布下课，千万不要拖堂。

2．组织安排，联系内容

结课的组织不能太过随便，在课堂教学的设计中，要设计好几种备案。不要在课堂教学的过程中看看表，知道快下课了，就不管与当堂的教学内容有关与否，随意地安排一些活动给学生，拖到打铃就下课了事。教师在进行结课的组织时，要紧密联系教学内容，根据课堂教学的进度，安排与教学内容有关的学习活动，让学生有事可做，避免课堂问题行为的出现，使课堂教学能够顺利结束。

3．结课方式，灵活多样

结课的方式有很多，教师要根据课堂教学的具体情况，灵活采用，不要总是一个模式。如教学内容已经教完、学完，而又剩余一点时间，这时可以布置一些与学习内容有关的作业，让学生做，以便等候下课。若教学内容已经教完、学完，但剩余的时间还较多，这时既可以安排练习作业给学生做，也可以对学过的内容进行小结，用一些教学活动作为过渡，以便等候下课。

（二）结课的组织方式

1．梳理内容式

在讲课结束前整理归纳，整理当堂课内容，突出重点和难点，理清知识结构和情境，指出知识联系或解决问题的规律，用准确简洁的语言引导学生在课堂上总结知识，以便总结一般知识结构、求解规则和方法等。这种归纳可以是当堂的课，也可以是有联系的几堂课。

2. 巧设悬念式

人的强烈的求知欲往往来自神秘的事物、好奇心。一节课内容结束后,教师可以设置一个"悬念"来结尾,悬念的来源就是下一节课中的知识,以引导学生主动预习。如讲完"花的结构"后,可以这样结尾:一朵美丽的桃花,不知什么时候凋谢了,它又是如何发育成为又大又甜的桃子的呢?

3. 延伸开拓式

课堂教学结束时,有目的地将知识拓展到课外,从而沟通课堂内外的联系,为课外学科活动创造条件。

4. 含蓄暗示式

下课后,不要告诉学生一些问题的现成答案。但是可以给学生一点启发,让学生在课下继续思考。在下课前留下一个问题,指出学生应该从哪些方面思考,这不仅反映了教师的意图,也激发了学生的兴趣。

5. 象征寓意式

讲课结束时揭示讲授内容的象征意义或深刻含义,以帮助学生加深对所学内容的理解。

6. 激发感情式

在课堂教学结束时,教师可以用热情、鼓舞人心的语言来激发学生的情感,或者用含蓄而深刻的词语来激发学生深思。学生的思想受到启发会成为学生探索新知识的动力。

7. 展现成果式

在课堂教学结束时,根据课前或课堂上安排的作业练习,展示学生的

学习结果。这可以增强学生的成就感,激发他们对知识的渴望。

8. 观察探索式

课堂教学结束时,应引导学生用所学知识观察相关事物或社会现象,从而培养学生的观察能力。同时,在遇到一些难题时,启发和引导学生自主探索,培养学生分析问题、思考问题和解决问题的能力。

9. 练习巩固式

在课堂教学结束时,教师安排练习和作业使学生复习与巩固所学知识,并形成实践技能。在实践中,小组竞赛或个人竞赛被用来使学生在激烈的竞赛中巩固知识。这可以激发学生的学习兴趣,增强他们的参与意识。

10. 分组讨论式

讲授结束时,找出课堂教学的重点和难点。让学生与前桌或后桌两人或几人一组讨论,加深他们对问题的理解。

11. 表格填充式

上课前预先设计好表格,并在下课时出示表格。让学生根据课堂练习填空。如学完"鸟类的生殖和发育"后,可以让学生通过列表的形式分析昆虫、两栖类动物和鸟类的生殖与发育方式上有哪些相同点和不同点。教师可以根据教学的主要内容及其相互关系提前制作图表,课堂教学结束时,出示图表来指导学生进行讨论和总结。这种结尾方式,对知识的温故知新、密切知识的联系,使知识系统化都有着重要的意义。

课程结束没有固定的方法。一堂课的精彩结尾是教学内容和组织的完美结合。善用结课的组织方法,不仅可以总结整堂课,深化主题,还可以巧妙地设置悬念,让学生展开联想和想象的翅膀,收到令人兴奋和着迷的效果。因此,每一位教师都应该从教学的实际需要出发,重视并开展对课堂组织的研究，不断总结、创造和运用课堂组织方法来提高课堂教学效果。

思考题：

1. 阐述如何开展课堂教学各个阶段的组织活动。
2. 简述课堂教学组织的形式。

第三章

生物课堂探究、自主、合作学习的组织与管理

《普通高中生物学课程标准（2017年版2020年修订）》中指出中学生物课程的基本理念是以核心素养为宗旨，着眼于学生适应未来社会发展和个人生活的需要，从生命观念、科学思维、科学探究和社会责任等方面发展学生的学科核心素养，充分体现中学生物学的学科特点和育人价值。教学方式是帮助学生形成核心素养的关键，因此，在中学生物学教学过程中，教师应积极转变教学方式，创造条件开展探究式学习、小组合作式学习、项目式学习等教学方式的实践探索。学生核心素养的形成，不仅受教师教学方式的影响，更取决于学生的学习过程和学习方式。学校可鼓励教师开设与生物学课程相关的课外科技活动和社会实践活动，记录学生相关活动的成果；引导学生以生活、生产实际问题为导向，开展探究、自主、合作式学习；在学习中激发学生的学习兴趣、提高学生应用所学知识解决实际问题的能力，发展学生的核心素养。

第一节　生物课堂探究学习的组织与管理

一、探究学习的内涵

探究学习是指学生通过类似于科学家科学探究的方式获取科学知识，并在这个过程中，学会科学的方法和技能、科学思维方式，形成科学观点和科学精神。探究学习具有以下特点：

1. 主体性

主体性是指探究学习必须以学生为基础，充分发挥学生的主动性、自主性和能动性，积极发现和解决问题，使学生成为学习的主人。倘若探究式学习基于主观性，体现不出学生的主体性，学生就不能积极地参与教学过程，也不能对教学内容进行深入探索，当然也不能称其为探究式学习。因此，基于探究式学习的生物课堂教学，有必要正确解决教师在教学过程中的指导作用与学生作用之间的关系。它需要发挥教师指导的作用，并帮助学生掌握学习方法和技能。同时，要充分发挥学生的主体性，以学生为主体，让学生积极探索和发现新问题、新知识。

2．问题性

问题性是指在探究学习中，教师引导学生提出问题，查找有关问题的信息并提出解决方案。在生物学教学的探究学习中，教师通常仅向学生提供相关信息或线索，从而引导他们发现问题，并围绕问题开展研究活动以解决问题并获得新知识、新经验。

3．开放性

探究学习的开放性体现在以下几个方面：第一，思维方式的开放性，即学生积极主动去发现问题、分析问题和解决问题。这要求学生在思考过程中将对象识别为一个开放系统，并使用发散性思维来查找和探索问题的多个答案，而不是寻找标准答案。第二，学习内容的开放性，即教师应指导学生发现问题并提出问题，并根据他们的观察和想法制订学习计划和步骤。因此，探究学习的内容具有开放性。第三，活动空间的开放性，即在开放的学习环境中培养学习和探究的活动空间，使学生积极参与教学，独立思考问题。从而培养学生分析问题、解决问题并参与实际活动的能力。

4．创造性

创造性是指探究学习以"探究"为手段，它将"探索"作为最大化学生的创造潜能的一种手段。通过探究，培养学生的创新能力。探究学习是培养学生创造性的重要方式。创造与探究是密不可分的，探究是为了创造，培养学生的创造性是探究学习的重要目的之一。

二、探究学习的功能

1. 使学生通过亲身实践获得知识和技能

探究学习的重要目标之一是让学生掌握科学研究的方法。没有亲自参与研究的学生将无法理解科学研究的困难和科学家在科学研究中可能遇到的问题，以及科学家怎样通过一次一次的尝试来解决问题。探究学习让学生真实地参与研究，可以帮助学生理解科学的本质。如"生长素的发现"的过程，在科学发展史上，经过了几代科学家不懈的努力。其中载入高中生物课本的有：19世纪末，达尔文首次进行金丝雀虉草胚芽鞘的向光性实验；此后数年，詹森、拜尔和温特依次对胚芽鞘尖端进行研究，最终发现造成胚芽鞘顶端弯曲生长的刺激确实是一种化学物质，并命名为生长素。教学中启发学生模拟其中的某项实验并亲自设计实验方案进行独立探究，如选用刚刚萌发的玉米幼苗（第一片真叶没有突破胚芽鞘），设计向光性对照实验，观察并验证胚芽鞘尖端受单侧光照后，是否会发生向光性的现象并对结果进行讨论与交流。其中既有科学知识的获得，又有科学基本技能和科学方法的培养训练。

2. 培养探究能力

（1）培养学生的创新意识、创新思维能力和实践动手能力。这是探究学习的总目标。在探究学习的过程中，学生不拘泥书本，不盲目相信权威，不墨守成规。在此过程中教师需要向学生提供及时、适当的指导和帮助，鼓励学生充分发挥自己的主观能动性，独立思考，大胆探索，另辟蹊径，积极提出自己的新观点、新思路和新方法。

（2）培养学生对信息的意识以及主动获取和处理信息的能力。从认知心理学信息加工理论的角度审视，学生进行探索的过程即信息处理的过程。与以记忆和理解为目的的传统教育相比，探究学习过程围绕着一个需要探究和解决的问题，以解决问题和表达交流为结束。探究学习就是在课堂教学过程中创造了一种类似于科学研究的情境和途径，让学生通过主动的探索、发现和体验，学会对大量信息的收集、分析和判断，从而增进思考力和创造力。

（3）培养学生的群体意识和沟通与合作交往的能力。积极的合作精神和有效的人际交往能力是现代人的重要素质体现。探究学习会培养学生的团队合作精神，愿意合作并学会交流和共享研究信息、创意与成果。在实施探究式学习中，小组合作学习是整个学习过程中的基本组织形式。为了实现共同的学习目标，团队成员学会互相帮助和支持，使学生之间建立一种融洽的合作伙伴关系，培养他们的群体意识和学会沟通与合作交往的能力。

（4）培养问题意识和独立发现问题、提出问题和解决问题的能力。探究学习过程主要集中在解决问题上，主要目标是培养学生发现问题、提出问题和解决问题的能力。为了实现这一目标，学生必须掌握基本的科学方法，通过各种有效的渠道激活现有的知识储备，学习和运用某些研究方法，发现问题、提出问题并解决问题。

（5）培养和提高组织管理能力。在研究过程中，如何协调工作关系和人际关系，如何调动每个人的活动积极性，学生都会得到体验、得到经验积累，组织管理能力就会在探究过程中得以形成和发展。如在上初中生物课本的"观察植物种子的萌发"一节课前，教师可提前三天将菜豆或玉米种子、木屑、培养皿等材料用具下发下去，让学生通过通读课本并对种子进行萌发培养，课上对学生培养的植物种子进行观察和比较，并将每个人记录的种子萌发情况进行对比、讨论与交流。这样既让每个学生都丰富了动手体验，满足了学生对植物萌发过程的好奇心理，又清晰地结合了实体器材完成了课程讲授的安排。

3．养成情意态度

情意是人们在接触事物过程中产生的内部体验，体现在人们对人和事

物的基本态度。探究学习的特点是在教师的指导下学生进行独立、积极的创造性活动。它着眼于学生主体参与活动，而主体活动要求学生有更多的情意投入。开展探究学习在于让学生获得亲自参与研究探索的积极情感，逐步形成一种在日常学习和生活中喜爱质疑、乐于探究、努力求知的心理倾向，养成尊重前人劳动成果，认真求实的科学态度以及具有不怕困难、勇于探索的科学精神。

以上三个功能中，使学生获取知识和技能是生物学课堂教学中开展探究学习的基本功能，培养学生探究的能力是生物学课堂教学中开展探究学习的核心功能。养成学生的情意态度是生物学课堂教学中开展探究学习的终极功能。在实施探究学习的过程中，应从表层到深层逐步进行。首先，必须引导学生自己进行探究学习。其次，应帮助学生理解探究的过程，掌握探究的方法，提高探究能力。最后，在大量研究基础上养成学生的情意态度。如在"DNA 双螺旋结构的发现史"上，从发现核酸、弄清核酸的基本化学结构、经典实验证明 DNA 是遗传物质到 DNA 双螺旋结构的分子模型的建立，不同阶段的学生对该科学史深入了解的程度不同，但在教学过程中都应让学生感悟到每一个科学发现总是经历了很多曲折的探究。

三、探究学习的类型

（一）按教师所起的作用分类

1. 定向探究

定向探究是在教师提供较多的指导和帮助下完成的。定向探究既包括教师提供具体的教学事例和程序、由学生自己寻找答案的探究，也包括教师给定要学的概念或原理，由学生自己发现它与具体事例相联系的探究。虽然在定向探究中教师可能会给学生提供大量的帮助，但观察和分析数据、建立假设、设计探究实验及得出结论等，主要还是依靠学生自己。教师在提供指导和帮助时应以采用启发性和探究性的提问为主，给学生指明探究学习的方向，而不是直接告诉学生应该怎么做。

2．自由探究

自由探究是由学生独立完成的探究活动，探究活动中极少得到教师的指导和帮助。教师的作用主要在于给学生提供所需的学习资料或实验用具。教师对活动起着辅助和组织作用。自由探究要求学生独立发现问题、形成假设、设计实验方案及得出结论等。由于课堂教学课时安排比较紧张，自由探究这种学习方式比较适宜安排在课外科技活动或研究性学习活动中。

（二）按探究的思维方式分类

1．归纳探究

归纳探究是从个别或某类事例出发，经过探索得出一般结论的探究。归纳探究的特征是经验先于概念或原理，如前述"观察植物种子萌发"的例子。

2．演绎探究

演绎探究是先学习某个概念或原理，然后通过探究活动，以具体事例对这个概念或原理加以进一步说明，如在"人类遗传病"的教学过程中，教师先让学生对遗传的概念和原理有了一定的了解，才能对该节内容做进一步的说明。

（三）按探究学习过程是否需要实际操作分类

1．实践探究

实践探究主要要求学生通过科学实验或实践活动，来获取数据并进行研究。这类探究学习的关键是控制好有关条件，真实地记录变量，确保提取数据的正确，运用科学的方法分析数据并得出科学的结论。实践探究这种学习方式能让学生在动手实验、动眼观察、动脑思维、动口讨论的亲身实践中，提高探究思维能力和实践创新能力，如前述"观察植物种子萌发"的教学、"探究植物茎的向光性生长"的案例。

2．理论探究

按照中学的条件，尚无法对一些理论性较强或者如教材中的经典实验内容开展探究性的实践活动，但是可以通过查阅文献资料和理论设计实验来进行一些探究活动，这种探究活动可以称为理论探究。

将实践探究与理论探究进行比较，实践探究较注重的是实际操作、直觉体验，学生通过探究活动能感悟探究的过程、学习探究的方法、训练探究思维。而理论探究则有助于深化、扩展探究思维的训练，进一步学习探究的方法，弥补实践探究难以开展的缺陷，帮助学生在短期内提高应试的效果。由于生物学教学时间紧，学生没有太多的时间直接参与实践探究。因此，书面形式的理论探究和实验设计训练，乃是目前提高中学生探究能力和思维品质的主要途径与方法，如高中生物学（必修2）课本中"遗传与进化"就以理论探究为主。

（四）按探究步骤的完整性程度分类

1．完全探究

在科学教育中，为便于中学生了解科学过程，便于制定教学目标和设计教学活动，常常将科学探究的一般过程概括为六个步骤，即提出问题、做出假设、制订计划、实施计划、得出结论、表达交流。如果一个探究活动从提出问题到表达交流的六个环节都是开放的，由学生自己决定探究的问题和方法，得出最后结论，让学生充分发挥他们的想象力和创造性，这样的探究活动称为完全探究（或全程探究）。例如研究植物光合作用所需的条件并开展探究性学习活动。

2. 部分探究

出于教学时间、学生基础、教学条件等因素的考虑，教师常常设计一些只含有上述部分步骤的活动，而将其余的环节作为已知的条件给出，以缩短活动的时间或降低难度要求。例如，某个探究活动的问题已经给出，甚至探究的计划已经制订好，学生只需完成收集数据，并对数据进行概括和推论，这一类探究活动叫作部分探究，生物学教科书中大多数的学生活动属于这一类。例如，初中生物教材中的"调查校内外植物的种类"就能突出培养学生的观察、测量或资料分析技能等。

四、探究学习的构成要素

"科学探究"是指能够发现现实世界中的生物学问题，针对特定的生物学现象，进行观察、提问、实验设计、方案实施以及对结果的交流与讨论的能力。学生应在探究过程中，逐步增强对自然现象的好奇心和求知欲，掌握科学探究的基本思路和方法，提高实践能力，乐于并善于团队合作，勇于创新。

1. 提出问题

有效的探究活动总是从问题开始的。教师精心准备创设问题情境，向学生展示能够引发矛盾和冲突的观察对象，使学生产生认知冲突，激发学生的求知欲和好奇心，从而使学生积极投入问题探究中。比如：教师可以利用视频或文本介绍几种分离、筛选工程菌种的实例，让学生认识寻找、分离菌种的应用价值，进而提出课题：如何筛选分离土壤中尿素分解菌。引导学生思考选取哪种土样筛选分离得到尿素分解菌的概率较大？为什么？如果要分离其他微生物，应该到哪里去寻找？层层紧扣的问题既能保证课堂进度，又能给予学生一定的思考的方向和内容。

2．做出假设

假设推理是探究思维的核心。探究学习正是围绕研究假设展开的。研究假设也就是对自变量与因变量之间可能存在的因果关系进行推测性判断，即探究者在一定的理论基础上，根据已有的事实材料，从研究问题中转化出来的对要研究的现象的规律联系提出的某种设想。针对上面的问题提出分离尿素分解菌（或其他目标菌）的技术路线，如土样的选取和处理，培养基的选择、配制和灭菌，培养条件的控制等。

3．制订计划

针对问题提出假设后，就可根据预定的探究目标，引导学生制订详细的探究计划，这是探究活动中非常关键的一步。制订探究计划的过程是培养学生思维能力、时空设计能力、解决问题能力和创新能力的极佳机会。在这一过程中，教师既要为学生创造自主学习、自主探究的氛围，又要通过启发、点拨、引导学生进行创新思维。针对"筛选分离得到尿素分解菌"实验，可分小组设计探究方案（可查阅资料），再全班共同展示、交流方案的合理性和可操作性，制订出在实验室条件下可实施的方案（教师做必要的指导）。

4．实施计划

探究是一个探求、尝试、体验的过程。虽然生物学探究中的现象和原理通常大部分为前人所提出，但对学生来说依然充满着新奇与未知。在探究过程中，教师应当努力把发现的任务交给学生，让学生成为探索与发现的主人，鼓励学生联系现实生活中的情境进行发散性思维思考，同时，让他们充分体验到智力劳动的艰辛以及科学发现的喜悦。

5．得出结论

在探究学习过程中，关键是让学生在探究的基础上，根据逻辑关系和推理做出解释。学生的解释和观点必须与实验或观察得来的结果相一致。在生物科学探究中，若结论与假设相符，就证明假设是成立的；若结论与假设不符，就需要对整个探究过程进行检查和反思。有时，由于探究的方法不够科学，也可能得出错误的结论，那么此时就必须进一步完善探究的方法步骤，重新进行探究，以求得出正确的结论。若经检查复核后发现探究方法没有问题，数据处理和结果分析也正确，但结论与假设不符，即可证明假设是不成立的。并不是所有的问题通过一次探究就能得出正确的结论。科学探索可以使学生充分体验科学家的科学研究过程，培养学生乐于探究、勇于追求真理和实事求是的科学品质。

6．表达交流

表达交流的基本目标是让学生学会自我表达、倾听他人意见、积极参与讨论。探究学习的表达交流不仅是探究结果的交流，也是探究过程的交流；不仅是知识方法的交流，也是情感的交流；不仅是成果的展示，也是学生之间的一次高效率的学习。学生通过表达而明晰自己的想法或做法，通过倾听拓宽看待问题和解决问题的视角，通过交流从而转变错误观念。

五、探究学习的特点

1．主题明确

在综合实践活动的研究性学习过程中，学生可以选择研究课题，并在教师的指导下开展研究，例如"食物腐烂的影响因素"。这种选题比较自

由，具有一定的开放性，所涉及的知识面十分广泛，一般不会集中在生物学科特定的知识技能上，这样的研究是对学生综合能力的一种挑战，主要是让学生亲历、体验研究的过程。生物课堂中的探究学习则属于一种定向探究，学生所探究的问题与课程中知识、技能联系密切，例如，"探索鱼鳍在游泳中的作用"和"探索影响酶活性的因素"。因此，课堂学习探究的主题很明确，主要目的是掌握课程中的相关知识和技能。当然，生物课堂中的探究学习问题并非完全与课内知识技能一一对应，而往往需要学生整合生物学科内部的前后知识和学科之间的知识。

2．规模适当

教学计划分为半年计划、单元计划和课时计划。在设计探究学习活动时，最好以某一节课为单位，这样的探究学习与生物学科某一知识联系密切，涉及因素少，教师易于把握。就时间安排而言，有时可以在一堂课上完成学习，有时则要花几个小时。像"探究水分进入植物体内的途径"课中的探究学习，需要一个课时即可完成，但"探究光合作用的奥秘"一课中的探究学习，包括"认识叶绿体和气孔""探究光合作用的产物""光合作用的必要条件"和"探究影响光合作用的因素"等内容，则需要四个课时完成。

3．时机灵活

在生物学课堂中进行探究学习时，主要的探究活动是在课堂上进行的，有些活动可以在课前、课上和课后组织。一节课的探究学习，可以只在课堂上进行重点的探究环节活动，例如在课堂上进行分析问题、提出假设、展示结果、反思等活动，另外的研究活动，如收集数据、研究、实验等在教室外面进行。例如，"探究细菌和真菌的分布"在课堂上重点让学生设计"检测不同环境中的细菌和真菌"的方案，并交流对细菌和真菌分布特点的研究成果，对探究实验"检测不同环境中的细菌和真菌"进行观察和比较可在课外进行。

4. 伸缩自由

课堂中的探究学习按探究步骤的完整性程度可分为全程性的和部分性的。全程性探究学习需要学生完成探究学习所有的六个步骤，像"探究水分和无机盐通过导管向上运输实验"这一课，尽管只有一课时，但六个步骤的活动结构简明，学生经历了全程性探究学习过程。

六、探究学习的注意事项

以探究为特点的教学不仅会直接影响核心素养中"科学思维""科学探究"的落实，也会间接影响另外两个核心素养的达成。因此，生物学教学不仅是教师讲解和演示的过程，也是师生交流、共同发展的互动过程。教师应该提供更多的机会让学生亲自参与和实践，重视信息化环境下的学习。这种有目的、有步骤的学生自主学习活动主要包括对生物及其相关事物进行观察、描述、提出问题、查找信息、提出假设、验证假设、思维判断、做出解释，并能与他人合作和交流等。在此过程中，培养学生的创新精神和实践能力。

在引导和组织学生进行上述探究性学习时应注意以下事项。

探究性学习不是全部的教学活动，教师应结合具体的教学内容，采用多种不同的教学策略和方法，达到教学目标。

（1）需要为探究性学习创设情境。例如，提供相关的图文信息资料、数据，或呈现生物的标本、模型、生活环境的图片或影像资料，或从学生的生活经验、经历中提出探究性的问题，或从社会关注的与生物学有关的热点问题切入。如在讲解人体的消化系统、神经系统、呼吸系统等内容时尽可能地创设情境有利于激发学生学习的主动性。

（2）应该鼓励学生自己观察、思考、提问，并在提出假设的基础上进行探究活动方案的设计和实施。在小组合作探究时，教师应兼顾不同发展水平的学生，成员间要分工明确并适时调整，使每一成员都有机会担任不同的角色。

（3）注意探究性学习活动的课内、外结合。教师应有计划地安排好需要用一定时间才能完成的课外活动，包括必要的调查、访问、参观、资料收集整理以及观察记录等。

（4）重视探究性学习报告的完成和交流。教师应培养学生通过文字描述、数字表格、示意图、曲线图等方式完成报告，组织交流探究的过程和结果，并进行适当的评价。

（5）充分利用信息技术提高课堂教学效率。信息技术的快速发展为生物学课堂提供了诸如图片、视频、模拟实验等丰富多样的教学资源。充分利用以"互联网+"为代表的教育技术可在一定程度上减少主动学习活动对实验耗材及相关场地条件的依赖。教师应充分利用这一技术优势，开展多种形式的主动学习活动，提高教学效果。例如在"鲫鱼的鱼鳍作用"讲解过程依赖于生动有趣的教学模拟动态课件不仅可减少刺激性的场面发生，还有利于把控课堂学习进度，提高学生的课堂专注程度。

此外，课后作业环节也是教学过程中重要的环节，它是课堂教学内容的巩固和检验。为了探究学习更好地开展，加强和改进课后作业也是至关重要的环节。课后习题主要用于帮助学生巩固所学知识，拓展思维，引导学生将所学知识应用于解决实际问题。因此，习题的设计应有难度梯度，循序渐进。题型可以多样化，有些题目可以设计为开放性的问题，还可设计一些探究性或实践类的小课题。习题应当有助于促进学生的知识迁移和发散思维；应当紧密联系人们的生产和生活实际，特别是学生的生活经验；应当渗透人文精神，同时要把握好题量和难度，避免加重学生的课业负担。

七、探究式教学案例

1. 寻找疯牛病的病原体

生物学教学中探究有多种不同的方式。除了实验探究,通过对资料的分析进行探究也是一种常用的学习方式,关键在于教师对素材的选择和组织。通常,社会和学生关注的、与教材相关的问题教师可优先考虑选用。教师可充分利用这些素材引导学生提出问题,寻找证据,培养学生的科学思维。

例如,教师可就"疯牛病"这一社会关注的生物学议题,搜集有关资料,在课堂上或具有网络互动功能的平台上和学生一起探讨这个问题。

情境设置 简介欧洲某些国家疯牛病发生和传播的事实。教师提出一系列环环相扣的问题引导讨论。

(1)为什么国家要严格控制牛肉的进口?这说明疯牛病有什么特点?

(2)哪些病原体会导致传染病?

(3)如果有一种原因不明的传染病,如何着手寻找它的病原体?

(4)应该从病牛的哪些(个)部位提取病原体?

(5)如何鉴别引发疯牛病的病原体(寄生虫、细菌、病毒等)?

(6)陶瓷纤维过滤器能否滤除病毒?

(7)根据实验结果,可以对该病原体的性质和大小做出什么判断?

(8)能否根据这一项实验结果就断定病原体是病毒?会不会还有其他的可能?

(9)如果认为病原体可能是病毒,试设计杀灭病毒的探究方案。

(10)实验结果否定了病原体是病毒,病原体可能是蛋白质吗?

(11)如何检验病原体是否是蛋白质?

最后教师进行总结:疯牛病的病原体是一种空间结构改变了的蛋白质。由于这种蛋白质能像病毒一样传播疾病,因而称为"朊病毒"。教师还可提供一些有关朊病毒研究的网址和资料,鼓励有兴趣的学生通过查阅资料对朊病毒进行更深入的探索。

评析 从教学策略的角度来看,这是一个基于资料分析的探究式教学案例。该案例鲜明地展示出以下特征:(1)教师课前精心搜集、遴选和加工图文资料,设计探究情境;(2)由表及里地提出结构化的、有启发性的问题串;(3)引导学生一步步地深入思考、积极交流。

教师通过以上备课和教学过程,促使学生进一步养成"科学思维"与"科学探究"的生物学学科核心素养。

2. 实验分析植物呼吸产生 CO_2

初中生物课程本身就是生命科学相关的自然科学,因此,在生物课程的实际教学过程中推进生命教育具有重要意义。根据初中生当前的学习状况和学习能力水平,教师将生命教育内容与生物学科内容有效融合,可充分调动学生学习积极性,使学生对生命具有更深刻的理解和领悟,从而引导学生热爱生命,珍爱生命。

例如:呼吸现象在人身上表现明显,但在植物身上的外部表现不明显和直观。教师可在课堂中注意以人为参照物,组织观看一系列验证性实验使学生在动手动脑、自主探究过程中获得基础知识,通过分析身边的现象,加深理解呼吸作用的实质和意义。具体可参考如下设计。

情景设置 呼吸作用是人与动物维持生命的基本生理活动,那周围的植物是否也会进行呼吸作用?教师引导学生共同探讨和实验验证植物的呼吸作用结果。

请学生上台向澄清石灰水试管内吹气,观察现象并引导得出结论:CO_2 可使澄清石灰水变浑浊。

取新鲜蔬菜和烘干后的蔬菜两种,分别装入不透风的黑色塑料袋中,及时设问:白色塑料袋是否可以替换掉黑色塑料袋?引出植物既能进行光合作用也能进行呼吸作用的知识盲点。同时观看视频"种子呼吸产生 CO_2"。

实验验证 请学生将经过一晚上沉淀的密闭黑色塑料袋（袋内装有等量蔬菜）空间内的气体借助止水夹挤压出来并导入澄清石灰水中，观察现象，引导并得出结论：存活的植物通过呼吸作用产生 CO_2。

取新鲜蔬菜和烘干后的蔬菜放入密闭的锥形瓶内，及时设问：植物的呼吸作用除了通过澄清石灰水验证，还能通过哪些方式验证？同时观看"呼吸作用消耗 O_2"的视频。

实验验证 请学生往经过一晚上沉淀的密闭锥形瓶（瓶内装有等量蔬菜）分别伸入燃烧的细木条。观察现象，引导并得出结论：植物的呼吸作用需要 O_2。

最后讨论交流并总结出植物呼吸作用的意义。

评析 适当组织并结合系列验证实验和探究实验的视频，将抽象的植物呼吸作用知识进行直观化，采用通俗易懂、轻松活泼的实践活动，既符合中学生的认知规律，又能活跃课堂气氛。达到了突出重点，突破难点，由抽象到具体转换的教学效果，导入及交流总结时充分利用身边及周围的生活实例，让学生感悟到了呼吸作用的重要意义。

3．检测生物组织中的还原糖、脂肪和蛋白质

高中生物学课程中的一部分实验属于验证性实验。验证性实验有助于学生理解生物学重要概念、获得相应的实验技能。在精心规划和设计下，这类活动中还可融入探究成分，以发展学生的科学思维和探究能力。

例如，"检测生物组织中的还原糖、脂肪和蛋白质"实验可参考如下设计。

（1）在实验材料的选取上预留出探究空间

课前，教师为每组学生准备梨、花生、大豆三类典型的实验材料，提供规范的操作方法；此外，还可为全班准备面粉、番茄、马铃薯、小白菜、甘蓝叶、甘蔗汁、葡萄糖溶液、食用油等当地易获取的材料，为部分学生自主选择实验材料尝试探究提供可能。

（2）重视对实验设计的分析，引导科学探究

学生按照实验操作检测发现梨中有还原糖，花生含脂肪，大豆含蛋白质。教师引导学生思考：在实验中为什么选择梨、花生、大豆作为典型的实验材料？能否有替代品？如果使用其他材料进行实验，结果又会如何呢？

（3）围绕实验结果展开讨论，发展科学思维

在讨论中引导学生思考：生物组织中是否只含有一种物质，比如梨中是否只含有还原糖？有没有蛋白质？能否用梨来检测蛋白质？能否检测花生中的还原糖、大豆里的脂肪呢？

评析　验证性实验通常有明确的实验步骤和预期结果，实验中学生往往会不假思索，按部就班地进行操作，得到预期结果便算完成了任务。本案例在验证性实验的基础上，为学生提供了更为丰富的实验材料，使原本的验证性实验具有了一定的探索空间。在实验中，教师注重了激发学生主动思考和探究的积极性，使其对实验原理、材料选择以及操作要求等有更深刻的理解。这种设计安排，在加强学生动手技能、养成实验室工作习惯、强化生物学概念的同时，也培养了学生的科学思维和科学探究能力。

第二节　生物课堂自主学习的组织与管理

一、自主学习的内涵

自主学习是指在整个学习活动中，学习者充分发挥主体能动性，相对独立地积极建构知识，并不断调控自己的学习进程和学习状态的一种学习方式。它包括在学习活动之前，学习者根据自身特点选择和确定学习目标、制订学习计划，在学习过程中对自己的学习进程和学习状态进行监

控、调节和修正，在任务结束后对学习效果进行反思、总结和评价。自主学习的特征包括以下几个方面：

1. 主动性

主动性即学习者表现出"我要学"，是其一种内在需要。这也是自主学习的基本品质。主动性是学习者的一种积极心理状态，即具有求知欲，这是其独立学习的重要素质。自主学习的主动性体现在以下事实上：学生参与并积极、自觉地管理自己的学习活动。

2. 独立性

独立性是相对于以往学生学习的依赖性而言的。自主学习把学习建立在人的主观能动性上，相信学习主体愿意依靠自己的努力来独立解决学习问题，完成学习任务。它要求学生在学习的各个方面和整个过程中尽可能摆脱对教师和他人的依赖，由自己对学习做出选择和控制，独立地开展学习活动。

3. 反思性

反思性在于学习者对学习过程的调整和学习状态的调控，主要是学生对"为什么学习""能否学习""学习什么""如何学习"等问题的自觉的意识和反应，它贯穿于整个自主学习过程，是衡量自主学习有效性的重要标准。如果剥离反思性的特点，自主学习将失去其重要的内涵，并且随着时间的流逝，它将变成机械学习、被动学习及他主学习。

4. 建构性

在传统的学习方式中，学生始终处于接收状态，主要强调学生的记忆力和对教师讲授的教学内容的记忆具有一致性。自主学习基于学生自我意识的发展，这是面向学习"以我为主"的学习。

5. 创新性

在传统的学习方式中，学生所学内容是权威的、思维是定向的、方法是统一的，并且结果是唯一的，这种方式遏制了学生创新精神和创新能力的培养。基础教育课程改革的目标是培养具有创新精神和创新能力的学习者。创新性是自主学习的价位追求和理想目标，是自主学习的应有之意。

在新课程标准中指出生物学课程要求学生主动地参与学习，在提出问题、获取信息、寻找证据、检验假设、发现规律等亲历过程中习得生物学知识，养成科学思维的习惯，形成积极的科学态度，提高创新实践能力及发展终身学习的观念。强调学生学习的过程是主动参与的过程，让学生积极参与动手和动脑的活动，通过探究性学习活动或完成工程学任务，加深对生物学概念的理解，提升应用知识的能力，培养创新精神，进而能用科学的观点、知识、思路和方法，探讨或解决现实生活中的某些问题。

二、自主学习的功能

1. 确立学生的主体地位

在课堂教学中，只有学生积极主动地参与，教学才有活力，才能更有效地完成教学目标。自主学习要求学生在学习的各个方面和整个过程中，尽可能摆脱对教师或其他人的依赖，自己进行自我激励和控制，独自进行学习活动，强调对学习的自我定向、自我监控、自我调节和自我评估。在此过程中，学生以真正的兴趣状态学习，可以调动自己的主观能动性，渴望学习，专注于学习，有强烈的学习动机，潜心钻研，有毅力地学习到满意的程度，学习效果自然非常突出。

2. 立足学生多方面发展，可有效实现多元化课堂教学目标

不同的学生学习起点不同，学习能力倾向不同，决定了不同学生对同

样内容和任务的学习速度、需要的时间、需要的帮助不同。自主学习完全能够满足每个学生的特点，这是学生在教师的有效指导下根据自己的需要和发展意愿进行学习的一种方法。每个学生可以有不同的学习目标、不同的学习内容，可以调节自己的学习过程或有自己的评估方法，从而使每个学生都能获得真实而不同的发展，每个人都得到自己想要的，并且最终实现教学目标的多样性。

3. 凸显学生的个性，可有利于生成课堂教学资源

自主学习的课堂尊重学生的个性，为学生的学习提供了一个融洽、和谐的氛围，铸就了学生自由的、独立的、主动的探索心态，学生根据自己的需要无拘无束，自觉自愿地积极投身到学习中去，会感受到遨游知识王国的乐趣，因此，他会不知疲倦、孜孜以求，在一个自由的空间驰骋，思想的火花就会闪现，潜力就会不断发挥出来，这种潜力的迸发就是宝贵的课堂教学资源。

4. 有利于发展学生的智力，培养创新精神

自主学习强调学习主体在开放的环境中积极主动地、自觉地学习。在自主学习过程中，学习者总是主动地、创造性地运用自己的智力去探求知识、形成技能，这对发展智力是大有裨益的。此外，自主学习的课堂是建立在学生自主的基础之上，为学生提供了自主度较大的空间，并鼓励学生发展求异思维、独立自主地探索，敢于发表自己独特的观点，充分发展自己的个性和特长，这极有利于学生创新精神的形成。

三、自主学习的类型

1. 课堂辩论中的自主学习

课堂辩论可以是由教师预先设定的，如"酵母菌的呼吸方式"；也可

以是教师课堂临时提出的，如"细胞膜是如何将内外环境分开的"；可以是有组织的，如"在进化过程中 DNA 和 RNA 的作用哪个更重要"；也可以是即兴的，如"种子植物的历史价值"等。不论是哪种辩论，都可以开展自主学习。

2．实践活动中的自主学习

实践活动也是开展自主学习的阵地。如学习"绿色开花植物的一生"时，教师引导学生开展"尝试栽培当地常见的绿色开花植物"的实践活动，将课本知识与课外实践联系起来，学生亲身尝试了植物一生从种子的选购、播种、出苗、定植、生长、水肥管理、病虫防治到开花、结果的实践。随着课本知识的深入，学生栽培的植物也不断成长。这样，学生有第一手的材料，有体验和兴趣，对课本的知识就不再陌生，学习起来也就得心应手，更加积极主动。甚至教师还没讲到，学生就已经查阅了许多有关植物栽培的参考资料先学起来，并且锻炼记录、观察、分析、判断等能力。这种亲身的体验为学生的自主学习创设了绝佳的机会和空间。

3．探究学习中的自主学习

探究学习培养学生的独立性、自主性，使学生能够主动地学习生物学知识。教学中，教师不仅可以指导学生完成课堂上的探究活动，还可根据学生的特点、兴趣与爱好，组织学生课后进行自主探究活动。如"探究酶催化的专一性、高效性及影响酶活性的因素""探究不同环境因素对植物光合作用的影响""有关钙的问题探究""探究酵母菌的呼吸方式"等。

4．合作学习中的自主学习

合作学习是自主学习的外在表现形式之一。合作小组成员分工明确，围绕共同任务相互协作、协调统一，贡献自己的智慧，实现统一的目标。在不同的合作学习中，每个角色也进行互换，以便对学生进行各个方面的培训和锻炼。合作学习是以学生为中心，强调知识的构建，学生积极参与，小组成员平等，这促进了学生的全面发展和个性化发展，这正是自主学习的要求。

四、自主学习的构成要素

自主学习的构成要素应该从以下四个维度去考虑，即动机、条件、方法和行为。

1．动机

动机解决的是"为什么学习"的问题，属于学习的情感因素。它表现为自定学习目标、自我效能感、价值观和归因等。学习目标是学习的指向和通过努力可以取得的成果。自主学习的第一步是学生可以设定自己的学习目标，即可以根据自己的知识基础和技能水平制定适当合理的学习目标。自主制定学习目标，可以让每个学生找到"可望且可及"的努力方向，避免了统一的学习目标所造成的学习基础好的学生嫌目标水平太低，学习基础差的学生又感到目标高不可攀的现象。基础较差的学生以掌握基础知识为主，而基础好的学生则可利用所学知识进行一些探究实验。自主制定学习目标可以保护学生的自尊心并树立学生的自信心，激发和维持稳定的学习动机，是实现学生差异化发展的第一步。

2．条件

条件解决的是"什么时间学"和"在哪儿学"的问题，属于学习的时空因素。在学习中不仅要对学习时间进行计划管理，还要对学习环境进行选择控制。学习环境分为以下三个方面：

（1）民主的课堂氛围。民主化的课堂教学氛围是自主学习的前提，自主学习需要轻松、民主、和谐的课堂氛围。教师应重视学生的尊严，并公平对待每个学生。学生在学习中可能会有不同的看法，鼓励他们打破创造性思维的常规，认识到学生之间的个体差异，并允许和指导学生实现差异

化发展。

（2）丰富的学习资源。没有大量的学习资源，自主学习就成为无源之水，无本之木。学习目标的多样性和学习内容的选择性决定了必须通过足够的信息资源才足以满足自主学习，一本教科书、一本教学参考书和一些习题资料远远不能满足自主学习的需求。利用当前信息社会的优势，建立各种信息资源，灵活运用各类模拟实验教学应用软件，为学生提供学习资源保障。

（3）开放的学习场所。自主学习需要开放性的学习空间，学习的场所不局限于教室。学校的图书馆、阅览室、自修室、网络教室、实验室等都可以成为学习的场所。除了校内设施，工厂、农村、大学、研究所等也可以成为完成学习任务的实践场所。

3．方法

方法解决的是"怎样学习"的问题，属于学习的策略性因素。它是学习者为了完成学习任务或实现学习目标而采用的一系列步骤。

不同的学习目标和不完全统一的学习内容决定了学生在学习中将采用不同的学习方法，因此，自主学习的方法是灵活多样的。为了实现学习目标，学生可以通过多种渠道和多种途径获得所需的信息，并根据自己的认知方式和学习习惯安排学习活动。有的学生善于用耳朵听来学习，而有的学生则喜好动手做一做或自己说一说来学习。学习方法本身并无优劣之分，每个学生都有自己偏爱的、较稳定的学习方法。教师不必强求一律，应当为每个学生提供自由选择学习方法机会及结合学生特色给出学习方法的建设性意见。

4．行为

行为解决的是"学什么"的问题，属于内容因素。它包括学习内容和学习过程两个方面。

（1）选择性的学习内容。学生自主制定学习目标后，接下来就是根据学习目标的要求选择学习的内容。所选择的学习内容既可以是课程标准中的学习内容，也可以不是课程标准中的内容；学习某个知识点时，既可以选择课本相应章节的全部内容，也可以选择其中的部分内容。学习内容的选择由学生根据他们的知识结构以及能力和兴趣来决定。当然，学生拥有选择学习内容的自主权并不意味着选择的任意性，因为对学习内容的选择必须有助于实现学习目标，并且必须在教师的指导和建议下进行。

（2）自控性的学习过程。自主学习使学生能够确定自己的学习目标，选择学习内容并独立设计方法和策略来完成学习任务。但是，自主学习并不意味着对学生的放任自流。学生的各种学习活动不是随意的、无目的的。自主学习要求学生在学习过程中有明确的学习目标和活动方向，并调节和控制自己的学习行为以达到学习目标。自主学习要求学生具有较高的自我学习能力。同时，他们必须具有合理分配学习时间、及时提供有关学习效果的反馈以及适当调整学习过程的能力。

五、自主学习的指导原则

1. 营造宽松的学习氛围

一个人的创造力只有在他感到"心理安全"和"心理自由"的条件下，才能获得最大程度的表现和发展。人在压抑、恐惧、紧张的心理状态下是很难有所创新的。因此，营造宽松的教学氛围，建立民主、平等的师生交往和生生交往的新型关系，就成了生物学教学中培养学生自主学习的一个关键。

从教师的角度讲，首先是要当好平等中的"首席"，平等地参加学生讨论，交流思想，提出建议；给学生表达意见的机会，鼓励他们表达自己的意见；学会听取不同意见，杜绝从言语上和行为上挫伤学生的积极性。从生生关系上看，处在一个团结互助的集体中，学生会互相受到激励，学习自主性较强。因此，教师要注意营造一个轻松、和谐、民主的教学环境。

2. 提供充裕的学习时间

在课堂教学中,时间是最重要的学习资源。苏霍姆林斯基认为:"让学生拥有可以自由支配的时间,是个性发展的一个重要条件。"这里所说的自由支配的时间,就是自主学习的时间。除此之外,教学中教师还应给学生进行阅读、讨论、交流等活动的时间。学生真正获得了可自由支配的时间,学习才会是主动建构知识的过程。

3. 拓展宽广的学习空间

生物学是自然科学中的一门基础学科,是研究生命现象和生命活动规律的科学,是一门建立在观察和实验基础上的科学。在教学过程中,应该强调"观察""实验""探究""实践""设计"等活动的重要性,让学生开动脑筋,调动各种感官,亲自动手完成,这就需要给学生创设宽广的自主活动空间。

一些教学内容可以在教室内进行,如:模拟植物或动物性状分离的杂交实验,观察鲫鱼各种鱼鳍的功能,模拟人体循环系统的流动性;一些内容需要在实验室里进行,如:运用模型、装片或视频观察模拟减数分裂过程中染色体的变化,解剖花和种子的结构;当然也有些内容可以到户外进行现场教学,让学生到真情实境,去观察、测量、探索、发现,不要总是拘泥于教室"纸上谈兵",如调查或探讨一个校园、一个公园、一块农田、一片森林、一块湿地或一个池塘生态系统中的能量流动或细菌和真菌的分布状况,调查当地环境中存在的主要问题,提出保护建议或行动计划等。此外,课外时间也不应总把学生关在教室里,要突破教学空间的封闭性,开拓室外教学领域。一是开发学校的教学设备资源,让学生走进图书馆、走进实验室、走进网络教室;二是让学生走进社区、科技博物馆、动物园和植物园等,拜访科学家,如组织学生(或学习小组)参观了解人工生态系统的组成并了解其中蕴含的生态学原理和经济学原理;三是让学生自己进行生活实践，动手准备一些学习材料，搞一些小养殖、小种植。如动手制作DNA双螺旋模型，种植并观察绿色种子的萌发过程，自主制备果酒和果醋等。

4．采用多样的学习方法

严格来说，课堂上学生的自主学习是在教师的指导下半独立的学习。在新课程理念的指导下，为了使学生能够积极主动地学习，教师必须帮助学生建立和培训自主学习方法，以调动和发挥主体性，并采用各种教学方法服务于学生自主学习。例如，采用问题解决法：教师通过举出日常生活现象和事实，再检测生物组织中的还原糖、脂肪和蛋白质；利用乳酸菌发酵制作酸奶或泡菜；利用酵母菌、醋酸菌分别制作果酒和果醋。这几节课中，引用生物科学史中的趣味事例，进行实验等方法给学生创设问题情景、提供科学事实；让学生在学习过程中自主地鉴别问题、提出问题，找到最优的解题途径和方法；让学生自己得出科学结论，并运用新知识去解决类似习题、新情景习题、综合性习题。总之，采用多样的自主学习的方法，就是要给学生参与、交流、表现的机会，给学生动手实践的机会，给学生自主设定学习目标、自我评价的机会。

5．运用恰当的学习评价

对学生自主学习的评价，必须以学生为出发点，保持以人为本的发展性评价。评估标准、评估方法以及评估结果的解释和应用有助于学生的积极发展。它不是简单地使用教师评估，而是基于自主学习情况，结合自我评估、他人评估、小组评估、小组相互评估和教师评估，进行定量评估与定性评估相结合，过程评价以及最终评价结合。评价应覆盖所有学生，着眼于学生的整体发展，注重每个学生的差异，重视鼓励性的评估，使每个学生都有成功的体验，最终达到促进学生自主学习的发展和终身学习发展的目的。

第三节　生物课堂合作学习的组织与管理

随着基础教育课程改革的深入推进，合作学习作为一种重要的学习方式为教师普遍接纳，并尝试着运用于课堂之中。在课堂上，小组讨论式的合作学习随处可见，但往往多数讨论仅仅只是流于形式。例如，在"谈谈你心目中的生物学家"的教学过程中通常会出现以下情况：教师宣布小组讨论后，前排学生快速扭头，教室一片喧哗，讨论小组中大家都在发表意见，相互之间也不能听清具体讨论内容。教师整顿课堂后，教室便立即安静下来，举手回答问题的学生在发言过程中，往往是"我怎么看我怎么看""我觉得如何如何"，学生关注的仍然是"我怎么样"，而不是"我们组怎么样"，小组讨论结束后仍以自己为中心。这样的小组讨论无法达到共同学习的效果，因为在小组讨论期间合作学习并未起到实效。由此可以看出合作学习不是几个学生简单组成小组，而是需要教师的精心组织，关键在于教师掌握和合理使用合作学习理论的程度。

一、合作学习的内涵

合作学习是指学生在小组或团队中为完成共同的任务而有明确责任分工的互助性学习。合作学习具有以下特征：

1. 合作思想贯穿整个合作学习的过程

合作是合作学习最重要和最突出的特征。合作学习从合作学习目标的制定到合作学习的最终评估，始终体现了合作的理念。合作的理念通过合作学习来运作，始终指导所有合作学习的运行。简而言之，所有合作学习都围绕合作的主线展开。培养学生的合作意识，最终提高学生的学习质量并实现他们的发展。

2. 突显教师的指导作用和学生的主体地位

在合作学习中,教师扮演的是组织者、指导者和合作者的角色,最重要的职责是使用各种教学方法和手段来引导与促进学生的合作学习,以达到最佳的教学效果。学生是合作学习的主体,同时也是一个完整且不断发展的个体。教师在合作学习的分组和引导过程中,结合学生的生活与学习,为学生提供足够的时间和空间,使学生成为真正的学习主体,并让他们获得知识和技能,培养情感态度和价值观。

3. 开放课堂让学生进行自主建构

合作学习为学生提供了一个开放的、自由表达和展现自我的空间,创设了有利于学生合作的情境。合作学习在很大程度上吸纳了课堂教学中的学生,使课堂成为学生活动和表达的自由场所,使学生能够真正地参与到课堂教学中。在活动中,可以为学生提供广阔的思维空间,小组成员可以围绕共同的学习目标,结合自己的生活、学习经验、兴趣和爱好,交流思想、互相帮助、共同进步。

4. 强调学生成功机会均等

合作学习的一个突出特点就是学生的成功机会均等。合作学习采取异质分组,将不同性别、不同家庭背景、不同知识结构、不同学习能力的学生汇集在一起。小组中的每个成员都有自己的责任,具有不同成就水平的学生在小组中是完全平等的。他们有权获得任务,并有义务收集数据并分析任务、解决问题,表达并提出自己的想法和独特见解,每个学生的成功都掌握在自己手中。因为合作学习为每个学生提供了平等成功的机会。

二、合作学习的功能

1. 合作学习有利于学生之间的交往,充分发挥学生的主体性

在传统的课堂教学中,师生互动是课堂教学的主要形式。学生与学生之间的交流处于次要位置。学生参与教学活动的积极性和主动性受到抑制。合作学习把传统教育中的师生之间的单向或双向交流转变为师生之间的多向交流,充分开发课堂中的人际关系资源,建立完整而全面的教学交流结构,并改善教学方式,将学生与学生之间的互动放在了前所未有的高度,它是整个教学过程中非常重要的交互方式。小组合作学习主张给学生更多上课时间,给他们机会学习和共同进步,这样的话,学生之间的交流大大增加了,他们的主体性也大大提高了。

2. 合作学习有利于提高学生学习的兴趣,激发与增强学生的学习动机

在合作学习中,明确的个人责任鼓励每个人参与。与班级相比,许多学生更加活跃,因为班级中的每个人都被他人认可和期望,每个人都希望在别人面前展示自己。在小组中,每个学生都希望为小组做出更多贡献,从而使学生的学习动机更强。此外,合作学习把"不求人人成功,但求人人进步"作为教师评价的最终目标,形成了小组内合作和小组间竞争的格局,消除了学生对竞争失败的恐惧,从而激发学生的学习动机并提高学生的参与度,提升学生对学习的兴趣。

3. 合作学习有利于培养学生的创造性思维

许多问题通常可以通过不同的方式解决,通过合作学习的形式,每个学生都有机会展示自己的方法,同时分享其他人的方法,讨论学习方法的优缺点。通过不同的方法,学生的想法将变得越来越清晰,对学生从多个

角度和多个方面寻求解决问题的策略非常有益。这有助于提高学生的自信心并培养学生的创新性思维。另外，在目前的认知水平上，仅凭个人技能很难解决一些问题，但是集体智慧通常能创造性地解决。合作不仅能有效地调动每一位参与者的积极性，充分发挥每个人的聪明才智，而且能激发每个人的创造性思维。

4．合作学习有利于培养学生的合作精神与人际交往能力

在传统竞争性课堂的目标结构下，学生个人目标的实现与学习团队目标的实现负相关。如果一个成员实现了他们的目标，其他成员则无法实现他们的目标。在合作目标的结构下，个人目标与小组目标是一致的。个人目标的实现取决于小组其他成员的目标。团队的成败通常取决于团队成员之间的合作。为了实现共同的学习目标，团队成员必须互相理解，互相信任，经常交流，互相帮助和支持。团队成员有必要充分解决可能出现的各种矛盾，必须建立和谐友好、亲密的关系。合作学习允许进行不同级别和类型的交流，也可以进行不同主题（例如教师和同学）之间的交流和沟通，团队合作能力和人际交往能力均得到发展。

三、合作学习的类型

1．同伴互助合作学习

在课堂上同伴互助合作学习的典型形式就是同桌之间的合作学习。同伴关系从时间和空间上来讲，都是同学关系中最为密切的。作为同桌的同学，两者经常在一起，彼此非常熟悉，沟通和交流非常方便，无论是在学校生活还是在特殊学习生活中，同桌都应该是最好的合作学习者。

2．小组合作学习

在新课程的学习方式变革中，教师目前使用最多的合作学习方式就是

在小组中开展合作学习，它一般是以前后同桌为一组，作为课堂教学中较稳定的合作对象。当教师提出问题需要讨论或提出任务需要完成时，给学生一定的时间，小组合作学习活动开始进行。在生物学课堂教学开展小组合作学习的方式可分为下列几种：

（1）小组成绩分工法。把学生分成4人学习小组，要求成员在学习成绩、能力、性别等方面具有异质性，全班各合作学习小组之间又应具有同质性，要求各小组总体水平基本一致。组内异质，为互助合作奠定了基础，而组间同质又为各小组展开公平竞争创造了条件，其操作方法如下：

上课开始，教师用5分钟时间，简明扼要讲解学习内容，布置学习任务。教师精讲后，小组成员通过组内的互助性合作学习教师精讲的内容，要求小组成员以讨论的形式，让小组所有成员都掌握学习内容。这一阶段约用30分钟。接下来，教师用约5分钟时间检查各小组每位成员对所学内容的掌握情况。最后对测验中成绩好的小组进行奖励。需要强调的是，小组合作学习实行奖励小组，而非奖励个人，对小组奖励能增进学生的集体荣誉感，为下一阶段合作学习的顺利进行做铺垫。为使各小组保持相近的学习水平，可定期对学生重新进行分组，使学生可以相互轮流合作。

（2）小组抢答竞赛法。小组抢答竞赛法与小组成绩分工法大体相似，不同的是它以每周一次或学生学完某一章知识后的抢答竞赛代替测验。在竞赛中，学生同来自其他小组的成员进行抢答，为自己小组赢得分数。学生在3人组成的"竞赛桌"旁进行竞赛，竞争对手是过去在学业成绩方面与自己有相似记录的同学。每个竞赛桌的优胜者都为其所在小组赢得分数，而不管他是在哪一桌。这就意味着学习水平不同的学生都有均等的成功机会。

（3）切块拼接法。首先将学生安排在4人小组中，学习任务事先分割成片断的学习材料。如"体液调节"一节分为动物激素的种类和生理作用、激素分泌的调节、相关激素间的协同作用和拮抗作用、其他化学物质的调节作用等共四个部分。接下来，各个小组中学习相同内容的学生组成专家组，在一起共同讨论他们所要学习的那部分内容，直至掌握。然后，这些学生返回各自的小组，轮流教其他成员学习这一部分内容。因为除了自身已经掌握的内容之外，要掌握其他内容，还必须认真听取小组中的其他成员的讲解，因而他们能够互相支持并对其他学习任务表现出兴趣，从而让小组成员之间互助互学、共同进步，共同掌握学习内容。那些较简单、知识点相对较少，利于学生在课内有较充足的时间进行讨论、理解和讲述的内容，较适宜采用这种方法。如生物学中的"生态因素""生态系统的类型""生态系统的物质循环""生态系统的稳定性""生物圈的稳态""生物的多样性及其保护"等内容的学习。

（4）共学法。共学法要求学生在4—5人异质小组中完成指定的作业。小组共交一份作业，依小组的成绩给予表扬和奖励，这种方法强调学生共同学习前的小组组建活动和对小组内部组员活动情况的定期讨论。如"制作DNA双螺旋结构模型"内容可采用这种方法指导学生学习。

（5）小组调查法。小组调查法是指学生在小组中运用合作性探究、小组讨论和合作性设计展开学习活动的一种合作学习方式。这一方式中，学生组成2—6人的学习小组，从整个班级都学习的内容中选出一个子课题之后，各小组再将子课题分割成个人任务，落实到每个学生身上，并开展必需的活动。最后，每个小组做一下介绍或展览，向全班交流他们的活动结果。例如，"调查媒体对生物科学技术发展的报道""测量不同植被环境的空气温度和湿度"可采用这种方法。

3. 全员合作教学

全员合作教学意味着在教师与全班同学之间建立良好的合作关系，并开展教学活动，它以教学班全体成员为合作对象，强调师生之间的合作、学生与学生之间以及教师之间的合作，合作已经形成了一个教学过程，所有课堂成员都参与其中并进行合作。合作教学论认为，整个教学系统中的动态因素都是教学活动不可或缺的人力资源，强调所有动态因素之间的互动合作，即师生互动合作、师师互动合作和生生互动合作，由此在课堂信息交流网络上体现出纵横交错的三维立体特征。

四、合作学习的指导原则

1. 进行科学分组

合作学习小组主要是以异质小组为主,教师需要将性别、知识基础、学习能力、性格特征和兴趣爱好不同的学生分为一组,每个小组通常由4人组成,各小组总体水平基本一致,每个小组都应是全班的缩影或截面,同时,全班各合作学习小组之间又应该具有同质性。组内异质为合作奠定了基础,而组间同质又为保证全班各小组之间展开公平竞争创造了条件。

2. 分配角色任务

在合作学习中让学生扮演一定的角色,承担一定的任务,这样既能够消除学生惧怕交往的心理,又能培养学生的社交能力。每个小组中需要有发言人,负责整理小组的主要结论或进行回应;监督员,主管负责督促每个成员发表自己的意见;记录员,负责记录小组讨论的结果;联络员,负责与教师或其他学习小组联络;操作员,负责学习过程中的制作或实验操作;信息员,负责整理小组成员收集的信息或将当前学习的概念与过去所学习过的概念联系起来。例如在"绿色开花植物的生活方式"谈论过程中,教师必须让每个成员清楚地了解他们扮演的植物组织或器官的角色和承担的任务,并在合作过程中履职尽责,充分发挥他们的积极性和创造力,并创造横向交流、团结合作,实现积极互动的机会。该小组的角色是轮换制,因此每个成员都有机会锻炼和展示。

3. 选取恰当内容

合作学习的目的在于使每个学生尽可能地参与到学习活动中来,因此合作学习选取的内容要具有一定的趣味性、探索性、拓展性、综合性等特点,如调查媒体对生物科学技术发展的报道,探索提高酶活性的方法,分析近亲结婚与后代患遗传病的风险、了解生物与环境之间的相互影响等。选择合适的内容可使每个学生参与学习活动，有效思考，解决特定问题并实现有效发展。在教学中，教师应清楚地了解并非所有内容和任何环节都可以采用合作学习。光合作用和呼吸等一些概念没有讨论的价值，而遗传表达和遗传定律等一些困难的概念等不适合讨论。在生物学教学中，收集和处理信息、进行生物学实验等内容或题材较适合开展合作学习。

4．建立目标互赖

在合作学习中小组每个成员都有一定的任务，每个成员需要完成的任务目标应该是相互依赖的。这样个人目标的实现会直接影响小组目标的实现，这是合作学习成功的重要条件。

在教学中可以设计这样的问题，如"请查阅资料，告诉同学们在农业生产中怎样有效地利用光合作用。""假设光合作用的产物中有氧气，你怎样验证，请提出实验方案？""光合作用是地球上一切生命生存、繁荣和发展的根本保障，请告诉大家你怎样理解这句话？""关于'光合作用'你还有些什么要告诉大家？"这些问题要求学生在完成自己所承担的任务，实现个体目标，突出个体责任的同时，还必须向别人解释或接受别人的解释，以确保小组每个成员都能完成学习的要求，实现小组目标。通过这种积极的目标互赖，成员之间的那种"荣辱与共""休戚相关"的合作关系才能得到充分的体现。

5．把握合作时机

课堂教学中，不是任何时间都适合采用合作学习，要依据教学内容的难易，知识的前后联系等因素。因此教师要抓住合作的最佳时机，有针对性地展开小组讨论，达成共识。

首先，当学生独立思考问题时，他们可以考虑使用合作学习。这是因为许多安排给学生解决的生物学问题通常很有挑战性。显然，依靠学生的独立探索很难解决这些问题，此时就可以采用合作学习来鼓励学生进行讨

论。同时，教师会在适当的时候给出一些指导，提供一些建议、辅助工具或材料，使学生能够体验发现、探索和解决这一问题的全过程，从而可以有效地促进学生解决问题，对问题有真正的理解，又可以为学生留下深刻的记忆。

其次，当学生提出解决问题的策略，但不一致时，他们可以考虑使用合作学习。这是因为在解决问题的过程中，由于不同的学生具有不同的文化背景，思维的角度和理解的深度常常不同，所以学生提出的解决问题的策略可能不会保持统一，甚至有时出现因为不同意他人的观点或认为自己的解决方案更好时发生矛盾争执等现象，这时教师可以考虑使用合作学习。

最后，当学生对生物学问题的认识仅靠个人的思考不全面时，他们可考虑使用合作学习。当前，生物学测试中高频出现许多开放性问题，如"绿色植物在生物圈中的作用""生物与环境是如何相互影响的"这些问题均具有抽象性和答案的不唯一性，同时学生的认识和理解上存在局限性，因此，依靠学生个人通常很难通过独立的思考得到全面的回答，这时可以考虑使用合作学习。通过小组合作，小组成员可以充分表达意见，进行有意义地磋商和分享，从他人的话语得到启发，从而使他们对问题的理解更加丰富和全面。

6. 提供学习材料

丰富而有效的学习材料是合作学习的源泉。教师一方面可以提供一些学习网站，让学生在网站获得学习材料，在合作学习中进行交流；另一方面可以根据学习的内容，教师精心挑选一些材料作为学习的引导。例如，在进行"植物的光合作用"这部分教学时，可以提供"植物光合作用的发现史""光合作用的两个过程——光反应和暗反应""光合作用与人们的生活""光合作用与光照强度、温度的关系""叶子的颜色、结构与光合作用的强度"等学习材料。这些材料可以供小组成员一起学习，也可以分配给不同的小组成员，以便每个成员在学习不同的材料后可以实现相互学习、相互交流，也可以将它们分配给不同的小组团体学习后，在全班交流。通过这些材料，学生可以将自己置于"荣辱与共"的情境当中，以促进学生积极参与并实现他们的学习目标。

7. 培养合作技能

合作学习的效果与学生对合作技能的理解、合作技能的高低有密切联系。在合作学习的过程中，教师要适时地指导学生学习交流、沟通的合作技能。教师应指导学生在表达意见之前要进行独立思考和思路整理，当别人发表意见时，他们应该注意倾听，然后对彼此观点进行提问和讨论。在实验中，教师指导学生正确使用程序及注意仪器的正确操作，提出建议并让学生协助他人进行正确操作；引导学生在交流中遇到冲突时要学会自控、冷静和宽容。当学生在学习和共同探索学科知识的过程中学习与练习合作的技能时，学生之间的关系会更加融洽，更容易接受他们之间在能力和个性上的差异。合作学习的效果就在观点的碰撞、分享、体验中体现出来了。

8. 突出学习主体

"一切为了每一位学生的发展"是新课程的最高宗旨和核心理念。教学的目的不是让教师完成他们的教学任务，而是让学生掌握教学的内容并发展他们的能力，并在掌握知识的同时形成情感态度。在进行合作学习之前，教师必须让每个学生做好充分的准备，可以自己预习，也可以自己收集学习资料。在合作学习过程中，教师无法完全指导学生按照自己最初制定的程序进行学习，必须根据合作学习过程来调整自己的教学进度和教学内容。

9. 科学实施评价

合作学习的评价观与传统教学也有很大不同。传统的教学评价通常强调个人的地位，热衷得分排名并进行比较，这种竞争性的评估是有很大的

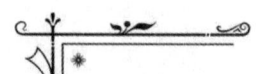

局限的，不利于大多数学生的发展。有鉴于此，应以"不求人人成功，但求人人进步"作为教学所追求的一种境界，以"有利于学生相互促进、主动学习，能让每个学生都有进步"作为评价合作学习的最终目标和尺度。因为它有助于把个人之间的竞争变为小组之间的竞争，把小组总体成绩作为奖励或认可的依据，形成了"组内成员合作，组间成员竞争"的新格局，使得整个评价的重心由鼓励个人竞争达标转向大家合作达标。

此外，合作学习的评价应注意对过去学业成绩、表现以及合作学习中的表现、贡献的比较，小组成员的最终成绩是小组整体成绩和小组成员个人成绩的加权平均，而加权系数可由师生共同讨论决定。这种允许学生在合作基础上进行竞争，并公平地比较自己的贡献的做法最终将导致整个班级的学生无一例外地获得奖励、进步并因此获得成功。这种方法还有助于摆脱竞争性教育周期，对教师的教学进行科学评价。

总而言之，在设计和实施合作学习活动时，教师应注意发挥组织者、指导者和合作者的作用，灵活地调控教学过程，使合作学习达到高质量和高水平。此外，并非所有课程或所有学习内容都采用合作学习方法，对于所有类型的教学方法，教师必须灵活且合理地兼容以优化课堂教学。

思考题：

1. 简述探究、自主、合作学习在培养学生生物核心素养中的作用。
2. 在生物学教材中筛选适合进行探究、自主、合作学习的内容，尝试设计课堂教学的组织形式。

第四章 生物课堂教学语言应用

《普通高中生物学课程标准（2017年版2020年修订）》中指出：生物学是自然科学中的一门基础学科，有着与其他自然科学相同的性质，也包括了人类认识自然现象和规律的一些特有的思维方式和探究过程。在中学生物课程教学过程中，既要让学生获得基础的生物学知识，又要让学生领悟生物学家在研究过程中所持有的观点以及解决问题的思路和方法。生物学课程要求学生主动地参与学习，在亲历提出问题、获取信息、寻找证据、检验假设、发现规律等过程中习得生物学知识，养成科学思维的习惯，形成积极的科学态度，发展终身学习及创新实践能力。教学语言作为教学过程中最重要、最基本的信息工具，在教学过程中起着决定性作用。那么，教学语言有哪些？教师在教学过程中如何通过语言引导学生自主学习，实现教学目标呢？

第一节 生物课堂教学语言概述

一、教学语言内涵

教学语言技能是教师用正确的语音、语义，合乎语法逻辑的口头语言，对课堂教学内容、问题等进行叙述、说明的教学行为方式。在生物学教学过程中，教学语言是教师阐明教材内容、传播知识，激励学生积极性等活动所使用的语言。

教学语言是教师最主要的教学工具，教师的课堂讲解、活动安排、学生学习情况以及师生情感交流等都是通过语言来表达的。教师的教学语言影响着学生的思维、记忆兴趣、情感等方面，制约着教学效果，苏霍姆林斯基曾说过"教师的语言修养在极大程度上决定着学生在课堂上的脑力劳动的效率"，"高度的语言修养是合理利用时间的重要条件"。因此，教师的教学语言修养良好，就会"不是蜜，但可以黏住一切"，钻研语言教学技能，掌握语言教学艺术，是生物教师完成课堂教学任务最根本的保障。

二、教学语言的功能

1. 准确表述生物学知识

中学生物学教学很大程度上是介绍科学事实，在丰富的事实基础上，概括出生物学的相关概念、原理和一些规律。因此，在生物课堂中，教师应该要简明扼要、真实清楚地描述事物的本来面貌，准确地表述生物学的概念、原理和规律。

2. 发展学生的思维能力

从某种意义上说，语言的混乱反映了思维的混乱，同理，语言若贫乏，其思维也必然贫乏。在教学过程中，学生的思维往往是随着教师的教学语言进行的。教师要勤于运用分析、抽象和概括等思维方式来完善自己的教学语言，有利于学生思维的发展。

3. 培养学生的情感态度和价值观

中学生可以在教师的话语里感受到教师的意志、修养和个性。精练准确、生动幽默的教学语言，不仅能精准地表述生物学知识、发展学生的思维能力，而且对调动学生学习的积极性，培养学生正确的情感态度和价值观都会起到积极的作用。

三、教学语言的类型

生物学教学语言可分为两类：一是系统讲授的语言。讲授教学内容，传递教学信息。二是组织教学的语言。把学生组织到教学中来，顺利推进教学过程。

（一）系统讲授的语言

在课堂的教学过程中，传授知识、发展智力、培养能力是教学的主干，这都需要通过系统讲授来实现。系统地讲授语言，彰显了教师在教学过程中的主导地位与教学才能，充分展现出教师的学术造诣和精而深的学识。此类语言可分为讲解语、描述语、解释语、高潮语、点拨语等。

1．讲解语

讲解语是教师在课堂教学中，对科学事实、科学概念、科学原理等内容进行系统连贯讲解的语言。在使用讲解语时，首先要使语言简明、透彻，其次要使语言富有条理性。如在"生命活动的主要承担者——蛋白质"这一节课中，教师讲解蛋白质是一种生物大分子，是由氨基酸通过肽键连接起来形成的高分子含氮化合物；在"血液循环"这一节课中，教师阐述血液循环是指血液在心脏和全身血管中进行的循环流动等等，这些都是在课堂教学中教师使用最多的一种语言。

2．描述语

描述语是指教师在教学中把有关内容描述出来的话语，描述语在说明讲解的基础之上添加一些修饰的成分，能够加强语言的渲染力，激发学生的情感和想象力，让他们更好地感知教学内容。例如在"生物膜的流动镶嵌模型"这节生物学课程中，一般在课的起始阶段使用描述性语言，生动形象地描述同教学内容密切相关的情境，以便集中学生的注意力，使学生对教学内容产生持久的兴趣。

3．解释语

解释语是对教学内容进行解释和说明的话语。即在师生互问互答的讨论中，教师自问自答的讲解中，教师对生物学事实、结论、实验方法步骤等进行解释和正确说明的话语。例如在"生命活动的主要承担者——蛋白质"这一节课中,教师解释蛋白质的组成,可将蛋白质比作"动听的歌",而所谓的"动听的歌"都是由"一个个音符"串联而成的,进而将氨基酸比作这"一个个音符"。

4. 高潮语

高潮语是指在课堂教学中针对重要的知识点等问题进行强调的话语。教学高潮是指教师精心设计的教学过程中的精彩处、关键点。此时,师生合作进入最佳状态,给学生留下了最深刻难忘的印象,达到了最佳的教学效果,高潮语就是在教学高潮处对学生的学习运用恰当的语言进行"重锤敲打",以期引起学生心灵的震撼。所以,高潮语具有精确、精辟、精彩的特点。如"细胞通过分裂进行增殖,其中有丝分裂可分为前期、中期、后期和末期"。

5. 点拨语

点拨语即在课堂教学中教师巧妙地结合教学内容对学生随机进行指点、拨云见日、提示和补充有关材料的话语。"点"是指点。教师根据学生实际,指点迷津,使学生豁然开朗。"拨"是拨云见日。在学生积极思考的基础上,言简意赅,使学生开窍。在生物学教学中,一般教师通过运用点拨语,引发学生对已学知识或以往生活经验的回忆,或通过教师提供的启发说明的知识和材料或问题之间建立起联系,进而达到对事物本质的理解。如:将蛋白质比作"高楼大厦",而所谓的"高楼大厦"都是由"一砖一瓦"砌建而成的,进而启发学生去主动思考生物体内像蛋白质这样的生物大分子是不是也由许多像"一砖一瓦"这样的基本单位构成的呢?

(二) 组织教学的语言

在实施教学活动过程中,组织教学的语言使学生的学习行为顺着教师期望的方向进行。从一堂课的时间流程来看，由始而终，大体经历着开课、提问、过渡、评价、结课等教学环节，相对应地需要开课语、提问语、过渡语、评价语、结课语。

1. 开课语

开课语是指开始讲课的语言，也叫"开讲语""导入语"等，即在开始上课时，教师讲述的话语，这类话语阐明教学目的，吸引学生注意力，激发学习兴趣。开课语可以集中注意力，启迪思维，点明目的，让学生在教学的伊始环节就进入教学的最佳状态。比如在"生命活动的主要承担者——蛋白质"这一节课中，在导入环节教师采用问答法使学生积极主动地参与到课堂当中，问学生早餐吃了什么？以调动学生的好奇心，再结合教材中的问题探讨：买食品时在食品包装袋的营养成分表的一栏哪种成分的含量最高？进而导入蛋白质。

再如在"昆虫的生殖和发育"一节课中，可以选择以下不同的方式进行导入。

（1）在讲课之前，教师说："请同学们来展示一下我之前让大家去拍摄的身边的昆虫图片，大家一起来看一下身边的昆虫，来了解昆虫的多样性。"

（2）教师也可以说："同学们，来看一组视频，来了解一下我们身边的昆虫有哪些？在观看时，要注意出现了哪些昆虫。"

（3）教师也可以说："同学们，你们都见过或者捉过蝗虫、蝴蝶、蜻蜓、果蝇吗？你们知道它们是怎样生殖和发育的吗？"

2. 提问语

提问即提出问题，这是课堂教学中为了使学生思维活跃，教师依据教学内容向学生提出问题，引导和促进学生自觉学习的一种话语。因此，提问语是为了调动学生思维的积极性，提问语的目的即引导和促进学生进行自觉学习，提问语的内容即教学内容。提问的前缀词也应具有一定的语言艺术感，如"请问""有哪位同学知道……""哪位同学愿意分享下自己对……的看法？""让我看看哪位同学是提前预习过课本，知道答案的？"

3．过渡语

过渡语即在课堂教学过程中针对教学内容和教学过程起连接、转换作用的话语，又称转换语和衔接语。过渡语类似于文章中的过渡段、过渡句一样，衔接教学内容的各个部分，使其浑然一体；衔接教学过程的各个环节，使其自然紧凑。过渡语穿线贯珠，转合适度，将课堂组织得严谨细密，使教学有清晰的层次感和系统感。

例如在上"光合作用"一课时，利用动画展示海尔蒙特实验，教师提问："从这个实验可知柳树重量增加的原因是什么？"学生回答："水分是植物建造自身的养料。"教师提问："海尔蒙特忽略了什么的作用？"学生回答或教师直接指出："忽略了空气的作用。"

过渡语："后来经过许多科学家的实验，才逐渐发现光合作用的场所、条件、原料和产物。"引出普利斯特利的实验。

教师提问："为什么钟罩内的小白鼠没有死亡？植物从中起到了什么作用？"学生回答。最后总结："绿色植物可以更新由于蜡烛燃烧或小鼠呼吸而变得浑浊的空气。"

过渡语："该实验无法证明更新的是空气中的哪种成分，并且当其他人重复该实验时，有的可能成功，有的总是失败。直到后来荷兰科学家英格·蒙斯证实了只有在阳光照射下，该实验才能获得成功。"引出萨克斯的实验。

动手操作演示萨克斯的实验。教师提问："（1）暗处理的目的是什么？（2）叶片一半遮光，一半曝光，目的是什么？（3）为什么最后会变蓝？（5）这个实验成功地证明了什么？"最后总结，得出结论。

4．评价语

评价语即教师对学生所回答的问题、学习行为等状况做出判断、评价的话语。评价语对学生学习具有明确的指导性、诚恳的激励性和深刻的启迪性。它是镜子，使学生了解自己的学习情况，同时也能照出学生学习过程中所存在的问题或错误；它是量尺，不但能判断学生的学习情况，还能测量出学生学习的水平或层次；它还是推进器，对学生的学习起着增添动力的激励作用。比如："（1）你说得很有条理，三个问题都一一回答了。（2）你的回答很有价值，大家一起来探讨一下。（3）别着急，再想一想，刚才我们讲过的知识。（4）再给你一次机会，好好想一想。"

5. 结课语

结课语指教师在课堂教学结束时所讲的话语。结束语使学生学过的知识系统化，归纳升华，便于及时牢固记忆。结课语能促使学生回过头去巩固所学内容，思路更清晰，重难点更分明，从而理解得更透，领会得更深。

例如在《光合作用》一节课结束时，教师说："通过本节课，你们学习到了什么知识，我们一起来总结一下。光合作用的场所、原料、条件、产物依次是……。同学们，可以看出整个光合作用的发现过程是经过了200多年的时间，一个又一个科学家不懈的努力，才对光合作用的过程有了比较清楚的认识，所以科学的发现是很艰难的。但也正是科学家们锲而不舍的研究，才有了我们现在越来越先进的技术。"

四、教学语言的构成要素

（一）基本结构

1. 语音和吐字

语音是信息的载体。教学语言要求准确，要有标准化的语音，即清晰的吐字和普通话。吐字是准确发音的重要组成部分。只有语言清晰，教师才能准确表达自己的感受。

2. 音量和语速

音量是声音的大小。在课堂上，教师的声音高、低、强、弱对教学效果产生重要影响。一些教师其他素质十分优秀，但是由于讲课声音太小，教室后面的学生听不清楚或者听不到，这种情况下教学的效果通常很差，并且也影响了教师在学生心目中的形象。对于课堂语言音量的掌控，最好是在教室安静的情况下，后排学生能听清楚，前排学生听起来不震耳，声音悦耳动听。

语速是指讲话的速度。快语可以提高学生的注意力，振奋人心，节省时间；但要注意需快中有慢，错落有致，这样才能突出要点，提示关键。教学语言是一种特殊的工作语言。它必须遵循课堂教学的规则并满足课堂教学的需求。讲话速度过快或过慢都会影响听课效果。对于成绩或基础不好的学生，如果教师讲得太快，他们会充耳不闻，困倦；对于成绩较好或基础较好的学生，如果教师讲得太慢，他们会听得焦急，听得腻烦。在正常情况下，课堂教学语言的速度比广播电台播音员的广播速度稍慢，为200—250字每分钟为宜。

3. 语调和节奏

语调是指讲话时声音的高低升降和抑扬顿挫的变化。著名文学家萧伯纳指出："文学艺术，不管它在语法上如何精确，也不能把语调表达出来，因为说一个'是'字有五十种方法，说一个'不'有五百种方法，可是写下来的只有一个字。"由此可见语调的变化是十分丰富的。"你干得好"这句话运用不同的语调可以表达赞赏、讽刺、挖苦、惊奇、气愤等不同的含义。因此，语调的变化，可以体现教师的语言情感，增强语言表达的生动性，会使教师的口头语言有声有色，魅力无穷。

节奏是指教学中语速快慢、停顿的变化。一般来说，课堂语言的速度是每分钟200到250个字，但是每个字所花费的时间不同，有些字音较

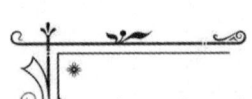

长，有些字音较短，句子和句子中仍然有些长短不一的停顿。教师要善于调节语言速度的变化，控制轻、重、缓、急，并形成和谐的节奏，这也可以增强语言表达的生动性。

4. 词汇和语法

词汇是语言中最基本的构成单位，没有词汇就没有语言，教师要有一定的词汇量，能做到规范、准确、生动、熟练地表达教学内容信息。在教学语言中对词汇的要求有以下几点：第一，规范。运用普通话和专业词汇进行交流。第二，准确。选用精确的词语表述生物界的事物、现象，防止产生歧义。第三，生动。这需要教师在讲解过程中用词做到精选妙用。通常是一个十分常见的词，因为它被巧妙地使用，所以非常生动和传神。语言的生动性绝不是通过堆砌辞藻而实现的，它与教师的专业知识，语言水平和口头表达技巧密切相关。

语法是使用词造句的规则。根据语法规则表述，每个人都可以理解，否则就会无法交流。课堂教学与一般讲座不同，除了使学生听明白之外，还必须让学生理解和掌握。也就是说，不仅要知其然，还要知其所以然。合乎语法和逻辑的语言才易被理解，使学生可以清楚地找到思想的根源，并一环紧扣一环地分析事物，进而达到理解和掌握的境界。

（二）特殊结构

教学语言是在特殊的课堂教学环境中形成的。在课堂上，教师应根据一定的教学目的、教学内容和教学对象来组织自己的语言，形成一种特殊的课堂教学语言结构。教学语言的特殊结构是由三个要素构成的，即引入、介入和评价。

1. 引入

教师用不同的方式，使学生对所学内容做好心理准备。如指明所学内容的界限标志，明确新学内容的目的和要求。比如"生命活动的主要承担者——蛋白质"这一节课中，教师讲解过程明确指出蛋白质的基本组成单位是氨基酸，需要掌握氨基酸的结构通式等，在"能量之源——光与光合作用"这一节课中，学生需要明确植物通过光合作用固定能量，并理解光反应过程和暗反应过程之间的联系。

2．介入

教师使用不同的方法来鼓励、诱导和提示学生做出正确的答案或正确执行教师的要求。

如在"酶的特性"与"影响酶活性的条件"的学习过程中，学生回答不出时，教师提示问题要点，提供背景知识或答题依据；重复学生的回答，引起全体学生的重视；继续追问，引发思考，扩展知识。

3．评价

教师以不同方式处理学生的回答，如评价学生的回答。教师对学生不正确的答案予以分析、更正，并给出正确答案；在回答正确的基础上，联系其他相关材料进行分析，以使学生对问题的理解更加深入和广泛。

当前生物学课程改革的根本目标是培养学生的创新精神和实践能力，注重学生的发展，注重提高整体素质。当然，为了学生的利益，教师必须视教学语言为重要的教学手段。除了新课程的新概念外，生物学教学语言也应"与时俱进"，其要素的内涵也要不断地完善和提升，这主要体现在以下几个方面：

第一，使用指导性和引导性语言来增强学生的主体意识。在课堂教学中，师生作为生活在现代社会中具有不同知识和经验的个体，他们将在交流与合作中形成"学习共同体"。教师不再是知识的权威，学生不再是被动的接受者，而是共同探索并建立知识。教师应多用导演式的语言来激励学生，关注学生的发展。如果学生正在学习新的内容，使用"你感到值得怀疑的地方在哪里？""你最想请大家讨论的问题是什么？"此外，教师应多些引导性语言，减少命令性语言。在提问和讨论时，学生不可避免地会遇到障碍。教师不应急于完成自己的任务，而应多使用"再考虑一下"、"再试一次"或旁敲侧击，或类比暗示，或启发思路的点拨语言，或曲折迂回，或拨云见日，通常不用"这个问题很重要，考试要用到，一定要记住"。总之，导演性、引导性教学语言不是我问你答，也不是你说我评，而是引导性谈话。教师在教学中要充分挖掘生物学的魅力，用导演性、引导性语言引导学生提高兴趣，增强学生的主体意识，让学生有一种被吸引、被鼓动、不参与不快的感觉，有利于学生主体性的发挥。比如"生命活动的主要承担者——蛋白质"这一节课中，教师运用启发式教学的方法引导学生了解蛋白质的基本单位是氨基酸，并让同桌之间通过阅读教材、观察教材中的几种氨基酸互相交流讨论，归纳出组成蛋白质的氨基酸的结构通式，以培养学生科学探究的核心素养，教师进行补充与总结，从而达到构建高效课堂的目的。教师再利用多媒体播放氨基酸构成蛋白质的过程，让学生总结出氨基酸以脱水缩合的方式结合成蛋白质，通过教师的层层导入不断地达到预想的教学效果，同时也能体现出直观性教学对启发式教学的重要性，不仅可以使抽象的知识具体化，还可以充分地发挥教师的引导作用，体现学生的主导地位。

第二，使用可延展性和问题性语言来激发学生的问题意识。新课程强调学习是让学习者建立自己知识体系并形成自己的见解。因此，在学习过程中，要求学习者不断反思自己的推论逻辑的准确性，不断回顾自己对知识的理解，并判断自己的进展与目标之间的差距。因此，作为学生学习的协作者、指导者，教师的教学语言应该具有延展性。延展性意味着教学语言应起到激发学生进一步思考、进一步研究的作用。这与过去的语言灌输不同。灌输性语言具有终结性，学生掌握了这一结论，研究结束。可扩展语言在介绍知识的同时，注重生成知识和理解知识的思维过程，更加注重与该知识相关的各种应用或发展趋势，激发学生的问题意识，引发多维思考，可以激发学生对进一步探索的兴趣。此外，教师应解决教学内容的问题，使教学语言具有问题性，赋予学生想象的空间，以便学生可以由"这个"想到"那个"，由"原因"想到"结果"，由"表"想到"里"，并得到"一石激起千浪"的效果。激发学生的问题意识，引起学生深思并发展学生进一步研究的能力。

第三，运用协商性、鼓励性语言，提高学生的参与意识。每个学生都有一个七彩的经验世界，对同一个问题带着自己的经验背景，渗透着自己的个性和风格，表现出不同的理解，不同的问题解决策略。教师不能简单地按照自己的逻辑来对学生的理解做出非对即错的评价，而应透视学生的理解，洞察他们的经验背景和思考方式，做出相应的教学引导，引发学生对问题的进一步思考。因此，对待学生的讨论意见，应该充分发扬民主，多商量，多议论，不要急于用评判性语言做判断。比如：有几种不同意见时，教师引导时可以说："你们的回答很有价值，我们一起来探讨一下，哪个意见更合理。"当有些意见不太符合实际时，教师可以说："别着急，再想一想，刚才我们讲过的知识。如果这么表述效果怎样？"有些意见是存在问题的，也请不要绝对否定它们。相反，教师可以设计出顺此推理的语言，让学生自己想结果，让学生在推理中否定他们自己的观点并找到新的思考方向。此外，教师应使用积极语言来支持学生的探索精神，并少用消极的语言来浇灭他们的思想火花。因为教育的艺术主要不是在于呆板地传授，而是在于指引和激励。教师应该认真对待学生的意见，无论学生是否正确，教师都要认真对待、低调，不急于"纠正错误"，而应多加鼓励。例如"某某的这个观点很有价值，再深入研究，会对某某研究做出贡献的"，"这一点我没有想到，你对我启发不小"，教师要衷心地赞美、赏识学生，营造出和谐、参与的氛围。学生自然乐于去倾听、参与。尽管表面上看起来荒诞不经的说法，从另一个角度看也会有积极的一面。这种语言使学生感到亲近，倍受鼓舞，提高了学生的参与意识和创造力。

第二节 生物课堂教学语言的运用原则

教学语言的运用原则是指教师在课堂教学过程中，使用教学语言时必须遵循的基本要求和指导原理。它是基于教学目标和教学语言特定的功能提出来的。正确理解和执行这些原则是提高课堂教学语言艺术性的重要保证。

一、音美

教学语言是教师对学生进行口耳授受的工具，必须声声入耳，才能把教学信息传递给学生，音美是首要要求。教学语言的音美表现为音声美、语调美和节奏美。音声美是教学语言有声性的要求，语调美和节奏美是教学语言传情性的要求。

1. 音声美

音声美指教学语言的声音必须是现代汉语的标准音，必须讲普通话。普通话以北京语音为标准音，以典型的现代白话文著作为语法规范。它音声优美，悦耳动听，富有广泛的通用性和极强的表现力。它是中华民族共同使用的标准语，国际上通用的、规范化的标准语。身为教师必须要用普通话教学，这是教师义不容辞的天职，是音美的第一要求。

2. 语调美

教师的语调有强大的表意作用，它能使学生听后感同身受，理解教师的表情达意，并能潜在地传播知识的潜在性。根据调查，如果教师采用变换语调的方式进行教学，学习的正确率达98%。值得注意的是，语调的情感是指教师对教学内容体验的自然流露，而不是强硬的外加成分，也不是增加感叹词就能奏效的。自然流露的情感会使"淡语皆有味，浅语皆有致"，使学生喜欢去听并受到启发鼓舞。如果教师的语言没有真实情感，仅是在形式上兜圈子、"佯装"，则会让语言的表达力降低，也会倒了学生的胃口。

在生物学教学过程中，转变语调的正确方法是，对于突出重点、讲清难点、解决问题的承转处以及讲述中的关键词，语速要缓慢一些，语调要高一些。例如，在课本中有这样一句话："细胞由多种多样的分子组成，包括水、无机盐、糖类、脂质、蛋白质和核酸等，其中蛋白质和核酸是两类最重要的生物大分子。"如果对文中关键词"蛋白质""核酸"进行重读，就会起到突出重点，加强记忆的效果。

3. 节奏美

节，就是停止；奏，就是启动；停止和启动交错进行就形成了节奏。节奏表现为说话的快与慢，教学语言的表达就要快慢适中，表现出起伏变化的节奏美，学生才愿意听。在生物学教学中，讲授重点或难点知识时，音节可拖长一些，慢些，音量强一些；讲授次要知识、浅显知识以及感情色彩浓厚的内容时可快一些。停顿是节奏变化的一个特殊形式，适当地运用停顿，可使语意清晰易懂，学生更易于理解和掌握。停顿不当可能会影响学生对知识的理解。例如，教师要对学生强调人体内血细胞包括哪几种，可以直接说出"血细胞包括红细胞、白细胞和血小板三种"就可以了，但是如果教师想强调包括哪些种类的血细胞，在说出这三种血细胞的名称后，分别给出适当的停顿，教学效果将比前者更好。再如，在总结酶的三大特性时，适当地拉长尾音的时间，给予学生时间去思考，同时，如果教师希望学生记下教师所说的话，同样也需要停顿。

二、意美

教学语言承载的教学信息所形成的意义必须是美的,只有"意美"才有穿透力,才能达到教学目的。有人说,教师的语言是世界上最美的语言。它像一股清泉流入沙漠,于是沙漠有了绿洲;它像一线晨光穿过云层,给林中飞鸟带来了黎明的信息。教学语言的美就美在它的"意"上,这"意"就是教学语言的核心,是教学语言的质量标志,"意美"要求做到准确美、简洁美和理趣美。

1. 准确美

准确美是教学语言的职业性或角色性的要求。教师是阳光下最光荣、最崇高的职业,并肩负着教书育人的神圣使命。教学语言准确是教学内容科学性的重要保证,教师如果把"书"教错了,就不是一个合格的教师。准确的教学语言是指语言要力求简明扼要、去粗存精、去伪存真,用精确的语言形成完整的科学知识。在生物学教学中,怎样才能使教学语言做到准确呢?

(1)真实清楚地描述事物的本来面貌。中学生物学教学的内容是在很大程度上介绍科学事实,总结生命活动的基本规律。所以,教学语言要真实清楚地描述事物的本来面貌。例如,在讲述"水大约占细胞重量的2/3"时,"大约"两字一定不能省略。再如,讲述"细胞的功能主要由蛋白质完成""95%的真核生物的DNA主要存在于细胞核内,是染色体的主要组成成分""绝大多数的酶,是蛋白质,少数的酶是RNA""一般地说,酶的催化效率是无机催化剂的10^7—10^{13}倍""一般来说,线粒体均匀地分布在细胞质中""有些生物体只有一个细胞,而有的由很多细胞构成,这些细胞形态和功能多样,但都具有相似的基本结构"等知识时,其中的"主要""绝大多数""一般地说""相似"这些词都要交代清楚,不能随便省略。

（2）适当拓展深度使学生产生正确理解。教材中有的语句所描述的生物特征具有一定的局限性，这就需要教师适当拓展其外延，使学生产生正确的理解。例如"每种 tRNA 只能识别和转移 1 种氨基酸"一句，就需要补充"1 种氨基酸可以由 1 种或几种 tRNA 来转移"，否则，学生会误认为氨基酸有 20 种，tRNA 也只有 20 种，这样在学生接受能力范围内，能够做到准确性。

（3）运用专业术语进行教学。生物学科拥有自己的理论体系、概念，并由此揭示其客观规律。这些概念性的理论体系是用专业术语表达的，例如生物学教学中的细胞、组织、个体和群落等。此类专业术语是生物学中的常用语言，可以准确地用于教学，并且易于理解。相反，如果不使用这些术语，不仅不利于交流，而且会让语意不严谨，甚至会有错误出现，这在生物学教学过程中是绝对不允许的。

教学语言应避免生活中用的方言、大白话和俗语。例如，在生物学教学中，教师应避免将小麦称为"麦子"，将家兔称为"兔子"，将小白鼠称为"老鼠"，将子叶称为"豆瓣"，将骨骼称为"骨头"，将翼称为"翅膀"，将花生种子称为"花生米"等。因此，应在教学中正确使用术语，以处理通俗语言与学科术语之间的关系，以使授课更生动有趣，还不会失去学科性

2. 简洁美

简洁美是教学语言的本色，教学语言必须简洁。一是教学语言所承载的教学信息具有真理性，而真理是朴素的、简洁的。二是简洁的语言便于记忆，"多则惑，少则得"。

怎样才能使教学语言简洁呢？第一，要抓住教学内容的实质。教学语言如果是冗长、啰唆的，常常是没有抓住实质的表现。往往是这里说一说，那里也讲一讲，想到什么又补充一通，然后还要重复几次，这样的教学语言必然芜杂。四面出击，处处重要，结果是什么也不重要。教学应抓住问题的实质，在多种矛盾中抓主要矛盾，在主要矛盾的双方，抓主要方

面，敢于抛弃不该讲的东西，以少胜多，"豪华落尽见真醇"，这样才能一语中的、一针见血地道出真谛。正如莎士比亚所说："简洁是智慧的灵魂，冗长是肤浅的藻饰。"第二，要抓住知识点的关键。抓住知识点的关键，就是抓住了知识的核心，针对学生学习的难点或薄弱环节，教师用简洁的语言让他们一听就能理解。第三，要剔除教学语言中的渣滓和赘瘤，简洁的教学语言是不容许有杂质的。在教学中应注意避免陈词滥调、词不达意和不必要的重复，不说废话、套话、空话、口头禅和半截子话。总之，教学语言应像鲁迅先生所说："用最简练的语言表现最丰富的内容"。

3．理趣美

教学语言还要有理趣，即哲理和风趣兼而有之，让学生在欢愉中受到教育和启发。从"理"来讲，教学语言承载的教学信息应有启发性。教学语言的启发性就是在教学时"用语言把人们的心灵点亮"。启发有三层含义：一是启迪学生对学习目的和意义的理解，激发他们对学习的兴趣、热情和好奇心，使学生有清晰的学习目的和主动性。二是激发学生想象力、比较和总结问题，激发学生积极思考，提高学生分析问题和解决问题的能力。三是激发学生的情感、审美品位，丰富学生的思想感情。

教学语言怎样才能具有启发性呢？首先，启发性语言应适时而含蓄。适时，就是启发的时机要在学生"愤悱"之时，才能达到启而后发的效果；含蓄，就是给学生留下想象的余地，以启发学生展开想象，开拓思维空间。其次，要善于运用启发性语言引导和鼓励学生。

教学语言还必须要有"趣"。让学生乐于接受并自觉地领悟其内涵。就像喝水时添加点糖，甜而美味。怎样使教学语言有趣呢？主要用幽默的语言。幽默是人们观察生活、体味人生的一种奇妙的想象力，是一个人一种有智慧、有学识和有教养的表现。幽默的语言往往给人以一种心情愉悦中的豁然开朗、赏心悦目中的认知顿悟，有趣或可笑而意味深长。例如，讲到糖类、脂肪和核酸的功能时可以说："糖类主供能，脂肪热更高。说到蛋白质，核酸来指导。"在讲解的过程中可以与我国的诗词歌赋联系在一起，比如讲到酶的时候，可以套用诗词格式："秋风起，水面微皱，心情像酶的活性，随着 pH 和温度而动荡"。

三、形美

教学语言应该有形象，没有形象的语言，"言之无文，行而不远"。因而教学语言必须"形美"，以优美的形象吸引学生的注意力，增进学生的感知。

1．修饰美

俗语说："佛靠金装，人靠衣装"。为了提升表达效果，以使教学语言"形美"，必须对其进行包装和必要的修饰。语言苍白贫乏，学生是难以接受的。如果说优美的教学语言是课堂讲授的两只凌空翱翔的翅膀，载负着学生在知识和真理的蓝天自由地飞行的话，那么"生动"则是这两只美丽的翅膀上五彩缤纷、光华夺目的羽毛。修饰美就要在教学语言的生动上着力，让"生动"的翅膀以其"形"来凝聚学生活跃的思绪。语言的生动性是以丰富的词汇、较好的文学修养、对知识的深入理解和广泛的生活经验为基础的，语言的生动性是教学语言艺术的体现。怎样才能使教学语言生动呢？

（1）充分使用修辞术。充分运用拟人、比喻等修辞手法，将书面语言转变为智慧的教学语言，增强吸引力，引发学生丰富的联想，促进学生的感性认识上升为理性认识，推进学生抽象思维的发展，进而有效地提高学生的学习兴趣，从而大大提高课堂教学的效率，使教学效果显著增强。例如，当讲到动物的自卫技能时，将变色龙的防护色比喻成穿着"迷彩服"；在壁虎遇险断尾等残体自卫，看成是"丢车保帅"；乌贼将墨水释放到水中，染黑海水逃脱比喻成释放"烟幕弹"。虾、蟹体表的甲壳，龟鳖的硬甲比喻成"盔甲装"。当谈论动物的保护色、拟态和警戒色时，使用拟人化的修辞，可以使用"我不在这里""我就在这里，谁敢来惹我"和"我不是我自己"来表达。

（2）经常运用引用术。语言作为知识传递的载体，教师的教学词汇应丰富多彩。在课堂上，教师适时地引用诗歌、典故、谚语以及歌词等，通过这些巧妙而笼统的语言，课堂教学变得既生动有趣又富有说服力。例如，讲蜻蜓的繁殖习性时，问学生"蜻蜓点水"是在干什么；在讲遗传和变异时，可引用民间俗语："老百姓常说，龙生龙，凤生凤，老鼠生儿会打洞，这是遗传""一娘养九子，个个不相同，这是变异"，立刻把遗传和变异这个深奥的道理表达了出来；讲生物和环境的关系时，引用白居易的诗句"人间四月芳菲尽，山寺桃花始盛开"，使学生感受到环境条件对生物生长发育的重要影响。这不仅有利于使枯燥知识生动起来，也利于将抽象的知识具体化。

总之，一方面，教师必须要博览群书，供自己使用。另一方面，教师应该勤于动脑，善于总结，生产一些概括性强、好上口、易懂易记、有感染力的语言产品，并用于教学。例如，讲到氨基酸分类时，酸性氨基酸包括"天冬谷"，碱性氨基酸包括"赖精组"，非极性疏水氨基酸"一两饼干腹泻"等。

（3）巧妙运用谜语术。谜语是青少年非常喜欢的一种颇具趣味的文学形式。通过编谜语猜谜语，可以概括和掌握事物的本质属性，并培养学生的思维能力；谜语朗朗上口，好读好记，通常教学效果可以达到事半功倍。例如讲到腔肠动物——水螅时，其特征可概括为"身体圆筒状，把口当作肛，口周多只手，反应不定向"。当讲到扁形动物猪绦虫时，可将其制成下面这样的谜语："体有几米长，天上无处躲，地下没处藏，样子像火车，繁殖能力强。"

（4）准确运用精确术。模糊语言精确化，刻意地加以精细定量描述，不但形象直观，还可以加深理解。例如在讲构成人体的物质时，可以这样量化描述："构成人体的水，可装满一只容量为45升的水桶；人体的脂肪，可以制成7条肥皂；人体中的碳，可以制造9000支铅笔；人体中的磷，可制2200根火柴；人体中的铁，可造两根铁钉；人体中的石灰，可刷两个鸡棚……"这样，不但精确具体，还充满幽默。

（5）恰当运用析词术。对有关的生物学名词，进行"巧妙"的分析，也往往能增加生动形象性，给学生以深刻的理解和牢固的记忆。如讲到银杏的果实时，解释说：银杏，顾名思义，它像杏，颜色像"银"（白色），所以也有人将其称为"白果"。这样，学生对银杏果实的形态、颜色，乃至大小均有了比较直观形象的印象。析词还能通过音变析词，例如讲 ABO 血型系统中的 O 型血时，讲 O 者零也，是既没有 A 凝集原也不含 B 凝集原。

2. 灵活美

教学语言的灵活美表现在两个方面：一是，依不同教学内容灵活地表达。就内容而言，教师的教学语言则必须在学生已有知识和经验的范围内进行表达。它必须与学生的思想和情感相协调，并且不能超越学生的认知能力，要与学生的兴趣和需要有关联。就表达而言，教师的教学语言应深入浅出，简单明了，易于理解，生动活泼。像"你不说，我倒还明白，你越说，我越糊涂"故弄玄虚的语言，重复啰唆、呆板紊乱的语言是不被允许的。二是，依据不同教学对象灵活地进行表达。教师有必要研究不同阶段、年级、环境下，学生之间在知识、经验方面的差异；对于不同年龄阶段学生变化着的、现实的思想情况和感情倾向，教师要从学生的实际问题出发，进而选择和组织自己的课语堂言。例如，在高年级教学中，教师可使用更多的限制词，运用表达相对周密的长句，选用一定数量的议论性词语，从某一角度组织语言，就可以使学生理解。而在低年级阶段，教师用语要简短明了，教师不能过多使用限制性词，应该多多使用具有描述性的语言，并且往往需要从多个维度组织语言，才能使学生理解一个问题。

四、情美

情感是人们对客观事物和对象所持的态度体验。它是在认知过程中产

生的，并随着认知的发展而变化。教学语言必须是一种情感语言，不仅是激发学生学习的一种外部条件，又是强化教学信息的特殊信号。教师在讲课时，应该用饱含真情的语言，教授知识，教育学生。一方面，教师通过自身的情绪来培养学生相应的情绪；另一方面，教师动之以情，来引起学生共鸣，活跃课堂学习气氛，并培养学生的学习兴趣。教学语言的情感之美是真情美、高尚美。

1. 真情美

"人间自有真情在"，教学语言的感情是真诚的，它是教师呕心沥血的自然流露，是红烛燃烧自己的闪光，是春蚕吐丝的无私奉献，热爱就是最好的老师，"热爱"就是真情。教师讲课真情投入，这样的课，学生是难以忘怀的。例如，"谁言寸草心，报得三春晖"这是一段"目中有人才有情"的语言，正是这种伟大而神圣的母爱写照，使人文的光辉震撼了学生的心灵，使学生感受到了生命的珍贵，充分体现了教学语言的真情美。

2. 高尚美

所谓高尚美就是道德感、理智感和审美感方面表现出人的高级的情感。教师的职业本身使其教学语言具有一定的权威性。它不仅直接影响学生对知识的掌握，而且对学生的情感、态度和价值观始终有着潜移默化的影响。一般来说：学生的年级越低，这种影响越大。陶行知说："千教万教，教人求真；千学万学，学做真人。"因此，教师应当将教书与育人有机结合起来，在师生交往的言谈中，真心地流露出的对学生的尊重、鼓励和关爱，这对调动学生学习的积极性，培养学生自尊、自爱的意识，正确的情感态度和价值观都会起到积极的作用。这就要求教师在教学时"言不可不慎"，对学生思想可能产生不良影响的脏话、粗话、假话、大话不要随便说，不要强词夺理，更不能用嘲讽、挖苦性的语言去批评学生，损害学生的自尊心，正所谓"良言一句三冬暖，恶语伤人六月寒"。同时，还应该认识到教学语言的作用在很大程度上取决于教师自身威信和言行的一致性。教师不仅要在业务上精益求精，而且还必须在思想、道德和情感等方面提高自我修养。只有这样，教师才能成为学生的榜样，才能充分发挥其教学语言的高尚美。

总而言之，教学语言的运用原则是：音美，是教学语言的载体，是有声性的要求；意美，是教学语言承载的教学信息的要求，是教学语言的内核，是教书育人的本质性的要求；意美，使语言具有穿透力；形美，是教学语言修饰的要求，语言才有凝聚力；情美，是教学语言表情性的要求，语言才有感染力；所以，教学语言是音美、意美、形美、情美四者立体的统一，共同产生教学语言的艺术魅力。

思考题：

1. 课堂教学过程中，组织运用教学语言应遵循哪些原则？
2. 录制十分钟的微课，体会自身教学语言运用的不足和优点，提出改进方案。

第五章

生物课堂教学环境创设管理

第一节 课堂教学环境内涵

一、课堂教学环境的含义

教学环境的研究最早开始于20世纪30年代，国内外学者关于课堂教学环境有着各不相同的理解，对"课堂教学环境"概念的界定目前尚未取得一致的意见。国外的研究大部分侧重于心理环境，为的是能够揭示课堂环境与学科教学相互之间的关系，提高学生学业成绩。然而国内则主要关注教学环境对教学活动的影响。

课堂教学环境在学生的认知、情感和行为方面起着重要的作用，直接或间接地作用于教学活动的实施效果和学生的发展水平。因此，营造良好的课堂教学环境不仅是完成课程目标的必要条件，而且同时也是体现教师和学生生命价值的现实需求。

从国内外对教学环境的研究成果方面来看，关于"教学环境"这一定义的界定目前还没有取得相互一致的意见。从相关的文献中可以看到多种多样类似的概念，如："教育的环境""学习的环境""学校的环境""学校的文化""课堂的环境""学校的气氛""课堂的氛围""学校的心理环境"等等。首先需要厘清课堂教学环境的内涵，准确把握其特征，然后进一步探讨课堂教学环境对教学活动产生的影响。在国内相关的文献中，与课堂教学环境内容相关联的概念主要包括教育环境、教学环境。要深入地理解课堂教学环境应该首先从理解教育环境方面入手。

（一）教育环境

在教育环境方面，《民主主义与教育》一书中杜威指出，"教育作为一个抚养、培育和教养的过程，其主要方法是依靠环境的作用"，他将环境理解为促成或阻碍、刺激或抑制生物的特有的活动的多种多样不同的条件。《教育大辞典》中将教育环境诠释为："为培育人而有意识地创设的情境。一般可分为家庭教育环境、社会教育环境和学校教育环境。教育环境既是一般环境的一部分，又因其具有一定的目的性而不同于一般环境。"此处所指的教育环境属于一种微观教育环境，是为了培养人而有目的创设的环境，然而宏观教育环境直接或间接影响着个人生存和发展的全部外在世界，包括自然环境、社会环境和社区环境，并对人产生自发的环境影响。由此可见，教育环境就是为促进教育活动而创造的多种多样的条件或情况，具体而言其包括物质的条件与心理的情境这两个层面。

（二）教学环境

理解课堂教学环境就要理解教学环境。在若干教学环境的定义中，以下几种是较有影响的定义。

一种教学环境定义为由学校和家庭相关的不同物质因素所构成的学习场所。它是由学校建筑、课堂、图书馆、实验室、操场以及家庭中的学习区域所构成的以学习为目的的场所。另一种教学环境定义为课堂内各种因素的集合，是由课堂空间、课堂师生人际关系、课堂生活质量和课堂社会气氛等相关因素所构成的以课堂生活为主题的情境。国际教育评价学会在一项大规模的国际教育环境研究项目中明确地指出，教学环境指的是由学校环境、家庭环境和社区环境这三种环境构成的以学习为目的的场所。

（三）课堂教学环境

教学环境指的是学校教学活动中所必需的诸多客观条件和力量的综合。实际上，从规模上，课堂教学环境是教室空间中的微观的教学环境，是师生进行教学活动的特殊场所；在其内容构成方面，课堂物理环境和课堂心理环境二者之间是相互影响和相辅相成的。从其建设和发展方面的角度来看，建设的主体是师生，追求课堂教学环境不同因素之间的动态平衡，从而建立良好的课堂教学。

课堂教学环境是一种特殊的环境。它是指与教学有关的因素的组合，这些因素影响教学并通过教学影响人们。通常指的是教室中有限的教学环境，即学校的教学环境，学者们的研究集中在此。此处论述的"课堂教学环境"属于更为狭义的课堂教学环境，属于学校教学环境的一部分。课堂属于进行教学活动和师生互动的主要场所。相比于学校教学环境，课堂教学环境的研究则更为具体，这对优化课堂教学环境、提高教学效果方面具有更大的指导意义。根据教学环境的定义，能够更加理解课堂教学环境的含义。课堂教学环境是存在于课堂教学过程且影响教学并且可以通过教学从而影响人的各种生理和心理因素的综合。

1. 课堂物理环境

课堂物理环境属于显性环境，也就是指教学赖以进行的一切物质条件所构成的一个整体，它属于教学活动的物质基础，例如室内的空气质量、适宜的温度、柔和而充分的照明、和谐的色彩、师生的位置关系等，在课堂教学活动过程中对教师和学生的身心活动，比如情绪的产生及情感的形成，有着较为直接的影响。课堂教学环境中多种多样的教学设施和设备，属于课堂教学活动的物质基础，属于课堂教学环境的重要组成部分。课堂教学环境中的教学设施和设备能够通过自身的完善从而限制和影响教学活动的发展。课堂物理环境因素像教室内光线、温度、声音、色彩、教学时间、座位安排、班级规模、教学设施等，确实对教师和学生的认知、情感和行为产生着重大的影响。

2. 课堂心理环境

课堂心理环境属于隐性环境，课堂教学的形成因素有很多并且错综复杂，教师、学生、教学目标、课程、教学方法、班级结构，以及彼此间的互动关系等各个方面，都会影响到课堂教学心理环境。一个班级属于一个团队，在这个团队中学习和生活的学生将不可避免地彼此影响，并受到团队的影响。教师本身的一些因素，包括观念意识、行为和教学风格，也将相互作用，这种相互作用会影响个人的态度、期望、价值和行为，从而在各种课堂教学活动过程中表现出来。课堂教学随着时间的流逝，它在单个教室中发展成为一种心理教学环境，从而影响了每个成员的观念和行为方式。所有班级成员的共同的、稳定的心理特征或倾向统称为课堂教学的心理环境。

在实际课堂的教学过程中，物理环境和心理环境两者并不是相互独立的，两者之间是相互影响和相辅相成的。任何课堂教学的实施都离不开课堂物理环境和课堂积极的心理环境这两方面的支持与配合。不管是教室的外在物理环境还是教室的内在心理环境，环境刺激都能够促进师生对环境的认知，使教师和学生利用已有的知识和经验提取、加工、理解环境中所有与之有益的知识、情感、态度和价值观。

二、课堂教学环境的特性

教学环境与其他环境相同，都属于人类生存环境的组成部分。关于人类的集体生活，不同的环境在本质上是相同的，也就是说既具有生存价值又具有发展价值。对于特定的社会群体生活而言，不同的环境可能具有完全不同的价值和含义，同时表现出不同的环境特征。作为一种特殊的社会环境，教学环境具有自己的特殊元素和环境特征。教学环境的特征具体体现在以下几个方面：

（一）教育性

构建和谐的课堂环境，就是为了更好地促进教学，能够对学生进行优质的教育。因此，教育性是和谐的教学环境的重要特征。课堂教学环境中的主体因素包括追求真理、掌握知识、发展身心的共同目标。课堂教学环境既属于物质支持和知识转移的阶段，同时也是物质支持和教育的平台。在课堂上建立和谐的教学环境，要优先确保其教育性。如果脱离教育性，

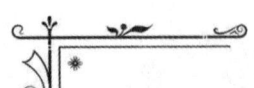

课堂上的和谐教学环境则失去了意义。为此，构成和谐课堂教学环境的各种因素本身应具备意义。

（二）和谐性

课堂教学环境的和谐指的是课堂物理环境的和谐和心理环境的和谐。物理环境是指教室中的颜色、光线、温度、座位排列和墙面空间。大量相关研究明确指出，教室中的光线、颜色和温度因素对学生的学习态度和学习行为有影响，同时影响到课堂的教学质量。心理环境也是对课堂教学有影响的一个非常重要的因素。和谐课堂主要表现教师在课堂上，展示友好的微笑与和谐的语言，营造和谐轻松的教学环境，使学生感到教师和他们同时学习并探讨问题，使学生带着高涨的、轻松的情绪，参与学习和思考，体验学习的乐趣。同时，教师应该擅长创设各种情景，以唤起学生的共鸣。

（三）动态性

和谐的课堂教学环境属于一种动态发展的环境，课堂教学应该能够使学生获得可持续发展的能力，也就是终身学习的能力，让学生将"学会"转变为"会学"。现如今的社会中，知识经济时代正迅猛更新。学生仅依赖于课堂上获得的知识是不充分的。通过获得终身学习的能力同时获得"会学习"的能力，学生可以提高对环境的适应能力和应变能力。在动态发展的课堂中，学生能够学习知识和技能，更重要的是，他们获得了自由学习、探究学习和合作学习的态度、策略和能力，并收获了"会学习"的本领。动态发展的课堂则是师生在教学过程中交往的基础上，通过师生互动、相互理解和信息交流而达到师生一起发展的平台。这属于师生共享工作和学习的天堂。

（四）可控性

相比于其他一些自发形成的环境或自然环境，教学环境的特点就是易于调节控制。人们能够通过教学活动的需要不断调节和控制教学环境，撷取在人们的身心发展方面具有积极意义的因素，消除和抑制那些不能满足发展需要的因素，使教学环境有助于教学活动的顺利进行。

第二节 生物课堂教学环境创设的策略

一、课堂教学物理环境创设的策略

教学物理环境作为教学环境的重要组成部分，对课堂教学具有非常重要的意义。创建良好的课堂教学物理环境需要遵循以下基本原则。

1. 以学生的全面成长与发展为根本出发点

学校作为学生学习知识、掌握知识，同时也是学生成长与发展的地方。学生的成长与发展不仅仅是知识的增长、心理的健康成长、人格的健全发展，而且还是学习、思考、适应、独立行事、合作等能力的诸多方面综合素质的逐步提高。

例如，有些学校校园的环境非常美观优雅，校园的建筑也别具一格，校园设计包括宣传窗、花坛、壁画，展现出颇具特色的育人景观，形成了"引领多元成长，奠基幸福人生"的整体办学理念。学校的基本取向是为了学生的幸福人生，通过引领学生的个性化、多元化成长以及教师的多元成长来最终实现学校师生的幸福人生。以此作为校园环境和教室环境设计、布局的根本出发点。个性教室突破了以往传统的教室布置格局，根据不同课堂教学科目、内容而将课桌摆放成不同格局，还设计了丰富多彩的、趣味横生的教室壁画等。

2. 以为课堂教学服务为原则

课堂教学物理环境包括教学赖以进行的物质基础以及物理条件，它的根本意义和根本指向就是为课堂教学服务，它是课堂教学的支持系统。因而，学校的自然环境条件、教室的位置、教室内部结构的格局、座位的编排方式、教室设备的配备等都是为特定的有目的的课堂教学服务的，以有效实现课堂教学目标为根本的追求取向。各种生物模型、学校的博物馆与教学内容密切相关，使得学生身处充满教学意义的环境之中，耳濡目染，学习内容不再是抽象遥远的、不可触及的、外在于学生经验世界的书本知识，而是成为丰富多彩的、可感可知的、充满意义的经验活动。当然，物理环境的创设要把握好"度"，要注意在创造良好课堂教学物质环境的过程中避免"形象工程""华而不实""喧宾夺主"等现象的产生。

3. 以体现个性化的学校教育理念为原则

努力培育和打造独特的学校文化，形成学校自身个性化的教育教学理念，是所有学校共同的心愿和理想，而学校文化与教育教学理念最直接的体现就在于学校物质环境的创设和物理环境的营造。

学校文化展现了一所学校的精神要旨，它表现在学校的各个方面，也影响着学校师生的共同行为表现和基本的运行管理行为模式。显而易见，包括课堂教学物理环境在内的校园环境是学校文化的最明显表征所在，也是学校文化重要的有机构成部分。在微观层面，课堂教学物理环境对于学生学习的质量和效果有着直接的影响，在宏观层面，课堂教学物理环境会间接影响到整体校园精神气质的养成。

二、课堂教学心理环境创设的策略

课堂属于一个系统，教师、学生和环境之间相互作用、相互影响，促进了它的不断生成与变化。教师和学生作为独立的个体，在参加教学活动的过程中具有鲜明而独特的思想和情感，教师和学生彼此之间不断地对话、沟通和交流，构成了多姿多彩的课堂。因此，营造气氛良好、节奏适中的课堂教学心理环境对提高教学质量显得格外重要。很多因素都能对课堂教学心理环境造成影响，如教师自身的因素、学生自身的因素、教学目标、教学内容、教学方法、教学组织形式、教学评价，以及课堂互动等方面。然而，教学目标、教学内容、教学方法、教学组织形式和教学评价，是教学活动的主要组成要素，是营造积极教学心理环境的前提和基础。那么，应如何营造积极的教学心理环境呢？

1. 营造积极课堂教学心理环境的基本原则

（1）树立正确的教师价值观，改变教师教育思想观念与态度。教师价值观对教师的行为系统具有指导性作用。身为教师，必须具有现代教育观、学生观和教育质量观，密切与学生的联系，引导学生的自我发展。要创造良好的教学心理环境，教师必须建立平等意识、学生主体地位意识、促进学生发展的意识。只有不断提高教师专业水平，树立正确的教师价值观，改变教师的教育观念和态度，才能形成师生良性互动，创造积极健康的教学心理环境。

（2）改变教师课堂教学行为，重塑教师课堂教学风格。逐渐塑造民主、谦和、尊重、理解、宽容、支持的教师行为模式，重建教师课堂教学风格，对营造积极教学心理环境具有关键影响。课堂上，教师的领导本质上是一种师生交互作用，以促进学生身心健康发展以及学生能够达到学习成果为目的，从而达成教师所设定的教育目标的一种行为。不同的领导方式，往往造成多样的教学心理环境以及多样的学习效果。通常情况下，教师的领导方法分为四种类型：强硬专断型、仁慈专断型、放任自流型和民主型。

民主型教师领导方式的特征为，教师和集体共同制订教学计划并做出民主决定，在不影响集体的情况下，教师充分给予某些学生帮助和理解，尽可能鼓励、组织、参与集体活动，给予客观的表扬与批评。学生对这种类型领导方式的典型反应是，对学习兴趣浓厚，愿意同别人特别愿意与教师一起工作，学生工作的质和量都很高，学生相互鼓励，同时，学生能够自己承担某些责任，能够做到无论教师在课堂与否，都能自觉遵守课堂纪律、维持良好学习行为。塑造民主型的领导方式与风格，不仅是营造积极教学心理环境的基本原则，也是促进教育教学整体发展至关重要的一点。

2．营造积极课堂教学心理环境的基本策略

（1）建立恰当、积极的教师期望。教师期望在学生发展方面具有重要作用，在一定程度上，教师期望对学生的自我期望具有决定性作用。教师期望值越高，学生的学习努力程度就越大。

（2）加强师生之间的非语言交流，重视隐性课程的教育作用。课堂中调动学生的学习情绪、激发和维持学生的学习积极性，教师与学生之间的非语言交流有着很大的作用，教师要擅长运用非语言沟通方法制造教学心理环境。课堂上，教师的表情要亲切、真诚、自然，这样不仅有利于消除学生心理上的紧张和情绪上的对立，而且能让学生完全感受到教师的关心和爱护，进而激发内心对教师的尊敬和信任，增强对教师的心理安全感和悦纳感。教师良好、积极的情绪，不但能够增强学生对教学活动的积极性，而且有利于调动学生情绪。

（3）给予学生自主学习的空间和自由，鼓励学生自信、自立、自强。自主性和创造性是积极教学心理环境的重要特征。学生的自主学习空间、自由以及自信、自立、自强的心理素质，可以促进对学生自主学习意识、自主学习动机、自主学习行为、创造性能力的培养。

（4）注重"鲶鱼效应"，提高学生学习的积极性和主动性。群体心理学中，人们将个别充满活力并具有竞争力的人纳入群体中，进而让群体内部产生紧张情绪、情形加以改变，使整个群体充满活力的现象，称为"鲶鱼效应"。教师要擅长发现、培养、使用这样活跃的"鲶鱼"，带动全班学生，活跃课堂气氛。

（5）及时给予学生有效的反馈。及时反馈，除了对有形的知识信息反馈，同时也要注重师生之间的情感交流与反馈，这既是教师及时了解学生学习状态的一个重要途径，同时也体现了教师对学生的重视和关心。让学生感觉到教师的关注与重视，对促进学生的学习积极性、保持课堂互动的顺利进行以及良性师生关系的形成具有重要作用。

3. 需要注意的问题

（1）关注学习困难学生。教学心理环境是由教师和学生共同创造的。积极教学心理环境的营造，不仅取决于教师的教学水平，很大程度上也取决于学生对教师的认可和态度，尤其是学习困难学生的态度。因此，作为一名合格的教师，必须给学困生足够的关注度和期望值，并从内而外地相信这些学生也拥有很大的发展潜能。罗森塔尔效应表明，教师的期望与关注能引起学生心理环境的积极变化，进而促进学业成绩的提高。

（2）避免对学生进行心理惩罚。所谓心理惩罚，指的是教师运用言语或非言语行为有意给学生施加心理压力，使得学生心理受到伤害或心理受到严重压抑，并以此作为惩罚的一种教育方式。在课堂教学过程中，经常以言语形式对学生言行举止进行消极强化的心理惩罚，让学生在心理上出现紧张、焦虑、恐惧等情感，会给学生带来伤害并打击学生的学习积极性。对于教师有意或无意的言语行为，或许一个眼神、一个动作，都有可能造成一种变相的心理惩罚，进而致使课堂教学气氛紧张、压抑、师生关系僵化。因此，教师要注意避免对学生进行心理惩罚。

三、EIC 教学模式与高中生物学教学

以环境作为学习的情境（Using the Environment as an Integrating Context）的教学模式，简称 EIC 这一教学模式。该模式强调在自然环境或社会环境中设立教学情境，在真实的环境背景下组织学生进行学科综合教学，在教学中提出要以学习者为中心，诱导学习者进行主动探究，发现自然环境和社会环境中与学科知识有关的问题，并探索解决实际问题的方

法,并在教学过程中向学习者渗透环境教育。

1. 将生物学知识与自然环境和社会环境相结合

在 EIC 教学模式中,教师以及学习者突破了以往的以教师为中心、立足于教材、以课堂为教学背景的教学方式,而利用自然环境与人为环境开展高中生物学教学活动,将生物学知识与生态学、人类学、医学、经济学、社会科学以及其他相关学科内容联系起来,帮助学习者构建生物学知识与实际生活之间的理论与实践的联系。EIC 教学模式着眼于培养学习者对自然科学与社会科学的综合性认识,学习者在环境中的切身体验与实践过程有利于学习者更好地理解生物学知识并提高学习者利用生物学知识的能力和解决环境中实际问题的能力。比如,在对"细胞生活的环境"一节课进行学习时,教师问学生:"不管是在酷夏还是严冬,我们的体温一般都在 37℃ 左右,大家知道这是什么原因吗?炎炎夏日,我们在大量出汗后,须第一时间进行水分与无机盐的补充,这又是出于何种原因?"如此,便将生物知识和学生的生活实际联系起来,进而把本节课题顺利地引出来,让学生带着高涨的情绪和饱满的热情参与课堂学习。

2. 以学习者为中心,引导学习者自主探究与合作学习

EIC 教学模式采用以学习者为中心的建构主义模式,教学中突出学习者主体性的发挥,倡导探究性学习。学习者在以现实环境为基础的学习背景下,通过教师与社会成员的指导,小组成员自行制订学习计划,讨论活动模式,进而保证有效地完成教学实践过程。在这种教学模式中学习者要进行合作与交流学习,才能够保证小组中每一名成员的优势都能得到充分发挥,教师在指导过程中要充分考虑到组内不同的学习者在多元智力、思维方式以及知识基础方面的差异,使每一名学习者的潜能都得到最大的发挥,以提高学生的团队精神与合作意识,从而提高教学活动完成的质量。如在"基因工程"一节课的讲解中,教师可要求学生事先收集基因工程的实例。新课导入时,由学生代表介绍基因工程的成果,迅速引起大家共

鸣，教师并做相应的补充。教师适时追问："什么是基因工程？原理是什么？操作过程怎样？"将学生的注意力马上转入基因工程的学习中。在学习基因工程操作工具这个难点时，教师下发事先准备的纸条（印好碱基顺序）、剪刀，要求学生模拟基因的"剪刀"——限制酶的作用，并要求学生自己动脑如何模拟基因的"针线"——DNA连接酶的作用。学生分组合作，有条不紊地进行。教师巡视学生操作，并做相应的指导。动手操作中，有学生用透明胶模拟DNA连接酶，有的人用订书钉订起来模拟DNA连接酶。操作结束后由学生代表展示作品，并做相关阐述。教师做总结并提出相应的建议。以上课堂从基因工程的应用入手，先让学生汇报基因工程应用成果，教师利用学生已有经验，抓住学生的好奇心，进入基因工程具体操作的学习。还创设了学生自己动手实践的教学情境，较好地发挥了教师的主导作用，避免学生盲目的探索和不着边际的漫谈讨论，轻松解决了基因工程操作工具这一难点。这样打破教材顺序，由浅入深，利用有效的教学情境，合理地组织教学，在课堂教学中教师始终充当主导者，引领学生感受知识的魅力。

3．切实推进环境教育，提高学习者生态文明意识

环境教育的概念来源于1972年斯德哥尔摩会议上发表的《联合国人类环境会议宣言》，1973年中国第一次环境保护工作会议通过了《关于保护和改善环境的若干规定》，标志着中国环境教育概念的建立。在我国基础教育活动开展的过程中，环境教育仍只停留在课堂讲授的层面。在高中生物学教学中有效地理解人与生物圈的关系贯穿了高中生物教育的始终，EIC教学模式将环境整合为学习者进行学习与实践活动的背景，让生物学教学活动走出教室，将认知活动与校园环境、自然环境、社会环境相融合，在真实的环境中对学习者进行环境教育能够为学习者带来最直观的情感体验，学习者经过切身感受才能更好地理解环境问题的重要性。教师通过EIC教学模式将教学活动与当地现实环境问题结合起来，在学生理解知识，掌握相关技能的同时也要不失时机地帮助学习者树立生态明文理念，

将保护环境从意识层面上升为实际的行动。

在信息化的时代，传统的教学模式已经很难满足学习者日益增长的知识需要与技能需要，因此对于教师设计、组织教学活动的能力就提出了更高的要求。在高中生物教学阶段，要求学习者掌握相应的生物学知识是基础，形成科学的观念是关键，技能的掌握以及合理运用才是核心。EIC教学模式以学习者为第一本位，通过构建主义的有效策略，借助环境来进行综合性教学，能够激发学生的内在学习动机，培养学生的认知能力，激发其发散性思维，有助于学生形成科学的学习观与价值观。不断地探索新型教学模式在我国生物教学中的应用，不仅是向学生有效传授生物学知识策略，也是落实我国环境教育，提高学习者生态文明意识的有效途径。在高中生物学教学实施过程中，科学地运用EIC教学模式要结合课程内容与地区环境条件，学以致用，在探索与实践中总结出适合自身发展的生物教学规律，提升学习者的生物学核心素养，提升我国高中生物学教学质量。

思考题：

1. 课堂教学环境具有哪些功能？
2. 如何创设良好的课堂教学环境？

第六章 生物课堂纪律管理

课堂仍为学校教学主渠道，有效的课堂能成为提升教学质量的重要环节，无效的课堂，势必妨碍教学的正常进行，无法言及教学效益。这里其实就涉及课堂纪律管理的问题。由于课堂纪律的构成因素众多（如教师威信、教学方法、班级数量、年龄特征、教学环境、师生关系、班级风气、班级性质、学生座次等），因此有必要把课堂纪律的管理提升至提高教学质量的重要层面予以认识与对待。常言道："没有规矩，不成方圆"，优良的课堂纪律管理有助于形成和谐愉快的氛围，有利于师生共同目标的实现，有利于学生良好言行的养成，有利于学生求知欲望的激发。

第一节　课堂纪律管理策略

课堂纪律的重要性可以管中窥豹，但反思对课堂纪律的认识，的确存在着事实上的误区，诸多观点至今仍极大地影响教师对课堂纪律的做法，严重制约学生的课堂行为习惯。一般认为要求学生在课堂上不可以乱说话、乱搞小动作，这种要求既不现实同样也不明智，有效教学的本质并不是让学生绝对服从教师，这种想法更是对素质教育的误解。总之，课堂教学是需要纪律维持的，但是必须要指出，对课堂纪律管理的探索，不能也不该成为束缚教师和学生在课堂教学中创造性、积极性的桎梏。

一、课堂纪律的内涵

在弄清课堂纪律之前，有必要对纪律的本质做些了解。纪律是每个人都同意的一套规章制度，是由集体成员共同遵守的。纪律具有明显的外控性和不可避免的惩戒性。纪律有三个基本含义：第一，纪律可以作为惩罚的手段；第二，纪律可以作为约束行为的手段；第三，纪律是对学生自身行为起作用的内在约束力。这三层含义反映了纪律发展的过程是从外部约束逐渐过渡到内部自律的过程。换句话说，纪律是一个过程，是人们言行规范化过程的一种约束机制。任何人在学习、生活和工作过程中，在群体里都需要纪律、需要约束、需要规则，做事才会更有秩序，更加高效。一般而言，纪律有多重属性，如纪律的阶级性、政治性、历史性、社会性、强制性等。

课堂纪律是指课堂教学秩序要正常持续，教学行为规范，师生和谐相处，教师上课不被干扰，学生积极学习，实现课堂教学目标。课堂纪律是学生遵守的外部强制性课堂行为机制。而这就体现出课堂纪律的意义，简单地说就是使课堂教学得以正常开展，师生共同发展得以保障，学生良好个性品质得以培养，学生社会化过程得以有效进行。"没有好的纪律，教学就难以进行"的说法是教育界的基本共识，因此对课堂纪律的管理必不可少，这是课堂教学的基本保证。

二、课堂纪律的功能

纪律是学习的保障。良好的课堂纪律可以保证良好的教学条件。有了良好的课堂纪律，学习效果将会发生变化，甚至学习习惯也将向良好的方向发展。因为课堂纪律与课堂效率的关系密切，脱离了纪律的课堂无法保证教学效果。课堂纪律对课堂上的所有成员均存在约束作用，牵一发而动全身，教师和学生之间相互影响。教师是课堂上的管理者，学生是执行者。良好的课堂纪律可以让课堂变成一个舒适的学习场所，营造教学和学习的好环境。

具体来说，课堂纪律有四种主要的育人功能。第一，课堂纪律提高学生适应社会的能力。课堂纪律的特点之一是要求学生遵守相应的规章，约束自己的行为，既让学生学习知识，又让他们明白在何种情况下任何事情的发生发展都离不开一定的准则与规范，如同社会需要人们自觉地履行自己的义务、享受自己的权利，才能保障社会和谐有序，才不至于因形形色色的人、物、事而只有碰撞，没有协商，只有混乱，没有安宁。学生在课堂上的所有经历都无形地让学生不断地了解世界、了解人生、了解社会并适应社会。第二，课堂纪律使学生人格逐渐健全并走向成熟。学生的特点之一就是年龄小、经历少，又处在身心发展时期，一方面渴望知识的获得，一方面憧憬未来的生活。学生在遵守课堂纪律的过程中，可以获得自我控制行为的能力，可以形成独立的特性，同时也会形成自信心，从而在发展知识的同时，可以不断提高学生的人格素质。第三，课堂纪律促使学生不断浸润人生和社会品德。课堂上的学生在纪律的约束下，认真履行自己的行为规范，他们不但受书本知识的影响，而且受有血有肉、活生生的教师品行的重大影响。他们每天形影相随、耳濡目染的是教师的世界观、人生观，是字里行间所散发的伦理道德和思想意识。这些有效地要求和规范学生形成自己的道德意识，强化学生的伦理意识，并且，促进他们有意识地遵守社会道德规范，从而形成良好的道德品质。第四，课堂纪律使得学生不断在情感上获得安全感。人有各种情感，学生也不例外。情感是人的感性色彩和文化内涵的体现，可以看作是个人和社会交互产生的结果，而这种结果会影响个人下一步的行为。人处在何种情感中，就可能宣泄何种情绪，积极的情感有助于人的正面性发挥，消极的情感不利于人的潜能释放。因此，在课堂上是否正确处理各种情绪，影响甚至限制学生的行为举止。课堂秩序维护得好坏在一定程度上与情感有关。课堂纪律可以帮助学生控制上课时的情绪，有利于学生获得安全的情感要求。

课堂纪律的重要性与必要性是不言自明的。回避课堂纪律或者取消纪律的观点和实践都是肤浅的、有害的。只有关注学生的知识、个性和创造力的发展，才能符合教育教学的本质。

三、课堂纪律的类型

1. 教师促成的纪律

即因教师的要求、监督、管理、体贴形成的纪律。一般指教师为学生的学习设置的结构情境（良好的课堂集体结构）和体贴等。包括教师的指导、帮助、监督、惩罚、奖励、要求、规定、组织、同情、理解、调解、支持、征求和采纳学生的意见等。结构情境和体贴对课堂纪律的管理都是非常必要的，因此，教师促成的纪律是课堂管理中必不可少的。

2．集体促成的纪律

即因学生集体价值观念与行为准则的共同要求形成的纪律。集体形成的一个明显的标志就是有比较一致的追求，而集体的相关行为规范会对集体成员产生特定的压力，迫使成员根据集体的目标和行为准则来调节自己的行为活动。集体促成的纪律和教师促成的纪律不完全一样，后者是教师发出的，具有一定的强制性，而前者是多数人同意的准则和要求，虽然不具有强制性，但对个体会有一定的心理上的压力和影响。

3．自我促成的纪律

即是外部要求被个体内化后成为自觉行为准则的结果，是学生社会化到一定程度的产物。学生不但要遵守教师和集体促成的纪律，而且要能自律。真正有效的纪律是自我控制，它产生于学生的内心。教师的课堂管理如能达到自律占主导的地位，则认为课堂管理是成功的。

4．合作促成的纪律

教育过程是由教师和学生共同构筑的。同样，伴随着教学过程的纪律也应该由教师和学生的合作来形成。这种合作促成的纪律的重点是鼓励学生参与制度的设计、规则的制定、命令的执行、组织的检查等等。合作促成的纪律最终体现为师生的"双赢"，也就是说，纪律是共同责任。

四、课堂纪律管理策略

课堂是一种具有组织性、领导性、集体性特色的师生共同进行教与学双边活动的最基本的教学单位。可以肯定的一点是，它迄今为止仍然是学校和师生之间教与学的主渠道。课堂纪律实际上是一种比较特殊的社会秩序，是课堂教与学的双边活动得以顺利进行的必备条件，是用来协调学生课堂行为、维持教师上课秩序、保证课堂教学目标实现而制定的要求学生和教师共同遵守的课堂行为规范，一句话它是课堂的教与学之总和，它对教师和学生双方的课堂行为规范具有同等的约束力。而课堂纪律管理是为了解决课堂秩序问题，建立良好的教学环境，教师组织和控制学生的课堂行为，并使他们围绕教学目标进行运转的行为方式。课堂纪律管理包括课堂违纪行为预防控制技能和处理技能两方面。课堂纪律管理无疑成为课堂管理不可或缺的重要方面。在所有的课堂教学中，不可避免地会出现形形色色、大小不一的课堂问题，打乱、干扰、破坏课堂教学活动，使课堂教学计划与目标无法实现。所以课堂管理离开了课堂纪律的管理是捡了芝麻丢了西瓜，因小失大。但是课堂纪律管理涉及面很广，方式方法很多，管理效果也不尽相同。因此，如何讲究和实施有效的课堂管理策略成了广大教师不断探寻的重要领域。教师对课堂纪律管理都感同身受，也各有自己的习惯方式来实施课堂纪律的管理。下面具体谈谈课堂纪律管理的几点策略。

（一）胸有成竹

课堂纪律管理得好与坏固有其来龙去脉，要维护好正常的教学秩序，保障教学计划与目标的实现就必然要有仔细揣摩，不断了解课堂纪律实际情况的经历、经验，并锤炼出得心应手的课堂控制能力。具体来说可以分为几步走：

1. 制定规则，熟知程序

进行教学双边活动的课堂，其构成要素有很多，诸如教师、学生、教室、环境、教材、课桌、纪律、讲授、交流等等。为了求得一个良好的教学秩序，教师和学生都必须共同努力，付出艰辛而又科学的劳动才能保障课堂教学的顺利实施。教师作为课堂纪律的引导者，无论是第一次接触学生还是任何一堂教学课，都要尽快熟悉并了解好学校、班级、学生等方面的相关特色情况，对学校有关学生行为的规则和纪律处理的程序规定应该了然于胸，教师应该尽早与学生商量或制定好班级行为规则和实施措施，并确保他们对其有真正的理解和认识，需要学生清楚地认识到每条规则的必要性。让大家做到事先心中有数，而不会因实施时无所适从而导致混乱。

2. 规则制定，字数适中

规则一般应具备精练好记、易懂好学、实施便捷的特点，如"爱护教室内的公物、设备""不要随意吐痰、乱丢废弃物""不要在教室内打闹喧哗""上课要认真听讲做笔记，保持课堂安静"等等。在制定规则时应考虑学生接受的有效性，词语要尽量正面积极，起督促激励作用，不要负面强硬突兀，发生反作用。比如，"课堂禁止奇装异服、妖冶打扮"应该替换为"课堂内要穿着得体、朴素自然"，"严禁把手机、MP3、MP4带进教室，接听电话，摆弄玩耍"应该替换成"请让通信工具和娱乐设施远离课堂"，"不准大声喧哗吵闹，影响别人学习"应该替换为"课堂肃静显尊重，利我利他是双赢"等等，凸显规则的温馨和人性化趋向，易为学生、教师所接受和遵从，有利于课堂教学。避免制定似是而非，难以实现的规则措施，引起不必要的麻烦。比如，"回答问题有奖励，问题答错要惩罚""作业做错必重做，每题罚写一百遍"，这显然是强人所难、无法实施，而且还会使学生内心反感。

3. 把课上好，心有底气

影响课堂纪律好坏的因素众多，其中很重要的一点就是教师本身授课的艺术性和时效性。再优秀的教师也要认真对待课堂教学与课堂纪律，也需要有良好的课堂秩序才能有效实现教学目标。优秀的教师往往拥有较好的课堂纪律，他们为求得满意的教学效果一定会为教学作好充分准备。这

包括熟悉教学内容与环节，熟知教学本质与程序，了解学生实际与程度。如教师尽量在第一时间能够记住学生的名字，这一做法可以立刻缩短教师跟学生之间的心理距离，这有利于教师维持课堂秩序，更能尽快地把握好课堂的相关情况。教师授课应该精心准备，最大程度地活用教学艺术，做到形式生动活泼、语言风趣幽默、讲解精练易懂、教学目标明确、内容充实丰富，富有艺术性、时效性、科学性、趣味性，这样从课堂的开始就吸引学生注意力，让学生知道这位教师是很有底气和章法的，学生对教师完成教学任务的能力充满了信心。这样学生的思维无法不围绕着教师的上课进程，课堂秩序井然。

4．自信豪迈，化解散漫

教学自信可以减少或化解课堂上一些散漫、违纪现象，给人以安定感，使得胸有成竹成为课堂教学有力的表现。"教师是太阳底下最光辉的职业""人类灵魂的工程师"，这样美好的称谓在一定程度上就是对教师职业的肯定与褒扬。教师在课堂上充满着对教育教学的自信，无疑会给学生无形的动力，给教学以无比的力量。很多教师在课堂上不能很好地维护好课堂纪律，有一个很重要的原因就是缺乏教学自信。教师对教学没做到心中有数，上课时没有底气究其原因可能是学术贫乏，经验不足，知识陈旧，表达力弱，享受不了从容快乐的教学意境，欣赏不到教学本身带来的快乐。大家知道教师在很多时候是广博的知识代名词，"腹有诗书气自华"是教师的优质内涵，是其自信的本源，也知道"一桶水""长流水"理论对教师而言，永远适用，不会过时。所以，教师在课堂上，应当信心满满，把真知传授给学生，用自信感化学生，让知识滋润他们的心灵，让自信感染他们的言行。这样学生就会佩服你、喜欢你，自然就会热爱你所教的课程，从而事半功倍地完成教学任务、不经意地达到课堂纪律管理的目的。

（二）妙用课前三分钟

课堂教学有其固有规律，而每节课都有自己本身的规律与特点，一堂课的完整性应该包括课前、课中、课后三个基本时段。如何做好本节课的教学呢？其实早在上节课之后就已经开始准备。日常教学里有许多方法都可以当作是妙用课前三分钟的范例，如：（1）熟读教材中重要的段落，像"细胞器之间的分工""细胞有丝分裂"等部分内容，加深学生的印象。（2）回顾上节课的学习内容，像在上"DNA是主要的遗传物质"课时的课前三分钟，可以安排学生默写上一节课三个探究实验的相关内容。这样既可以检查学生的掌握情况，准确地把握学情，并对上一课时教学效果进行反馈，同时可以自然地引入新课。（3）小组讨论问题，像在生物遗传实验设计学习过程中，有些试题的实验方案的选择有多种，通过引导学生对实验方案进行讨论，以达到思维碰撞的效果。课前三分钟的妙用具体做法也可以根据不同的课堂与学生对象而选择不同的方式。案例故事法、名言警句法、设问寻求法就是最简单却很有实效的方法。例如在讲解心脏功能一课，给同学列举心脏骤停急救设备AED的使用，提问学生在商场、机场等地是否见过或使用过AED设备，普及相关的急救知识从而激发学生的兴趣，引导学生有探索心脏功能的欲望。

课前三分钟，时间虽短，却弥足珍贵，如果得以妙用，它一定能像块磁石，具有极大的引力，可以立竿见影地把学生分散的思维、精力、注意力及学习欲望最大程度地聚拢起来，让他们自己不经意地活跃课前气氛，让他们自然地陶醉于知识魅力之中，让他们充满兴趣地期待下一节课的到来。总之，课前三分钟的妙用益处很多，其最大好处在于可以点燃学生的学习热情与兴趣，激发学生的积极参与意识，无形中进入了课堂情境。这样课前既不用再花力气维持课堂纪律、组织课堂教学，又能保持很长时间并促使学生学习热情大增，收到意想不到的良好效果。

(三) 讲解激情

课堂的纪律与教师的讲解息息相关。课堂的讲解不仅要有逻辑性、清晰性、趣味性、流畅性，而且更要持有感情、带有盛情、怀有深情、富有激情。那么如何让课堂激情飞扬呢？首先课堂激情来自教师对教育的忠诚与热忱，对教材的熟悉与理解，对学生的关心与了解，对教学艺术的品位与鉴赏，对自我能力的肯定与激励。不言而喻，课堂讲解激情主要是针对教师而言的，教师是课堂激情的引领者。教师基础全面扎实，教学准备完善丰富，既是教学的基本要求，也是教师的基本功底。但是仅凭这些不一定可以做到课堂的激情飞扬，因为课堂教学是科学，也是艺术，是两者的有机结合，有其规律性、科学性和艺术性。但好的课堂通常必有好纪律，好纪律源于教师的好引导，好引导源于教师的好讲解，好讲解源于教师的好素质。因而扎实的教师基本功必不可少，艺术的教师技巧势必精湛，而激情就是其中十分重要的要素之一。因为激情之意实则可以解释为一种强烈的具备能让人激动、充满活力、激发灵感、启迪智慧的情感。拥有这样的情感，加上对教育事业的热爱，就会使课堂弥漫着浓烈的温馨，飞扬着炽热的温情。教师全神贯注于教学活动之中，能驱散学生那昏沉的睡意、走神的思绪，而飞扬着激情的神思，沉醉于课程讲解之中，从而使那混乱的秩序，无趣的沉闷得到转化。

激情的课堂讲解对于教师而言无疑是一种巨大挑战，但是学生应该才是真正的激情创造者和享受者。课堂纪律的维持与否关乎教师对于知识的讲解是否引人入胜，但更关乎于学生上课时的参与度，光有教师的激情，没有学生的积极参与是无法让课堂表现出较好的纪律与激情的，更无法获得较高的教学效率。如果教师如痴如醉地讲解，甚至有些自鸣得意，但是学生最终却不会解决遇到的实际问题，在问题面前甚至不知所措，就不能说那样的课堂是真正富有激情的课堂，因为作为激情主体的学生，没有学会如何解决实际困难的能力，没有掌握怎样去发现新问题的能力。教师的责任就是努力创设新颖、生活、真实的课堂情境，把创新意识、生活实际作为出发点和归宿，驱动学生自主、自觉、自动、自由地参加到构建激情课堂的活动中来，比如在讲解时加入讨论、交流、答疑、辩论甚至争论的环节或细节，让学生满怀信心地积极参加、踊跃发言，并激情满怀地期待更进一步的鼓励与发展。真正富于激情的课堂必须要由学生的激情来体现，才具有课堂和生活价值。

（四）松弛有度

松弛有度作为课堂纪律管理策略之一，意指课堂上对纪律的管理要严格，但不能苛刻，超出实际情况，提出过高要求；管理要宽松，但不能过于松懈，无原则地让步，超出常规范围。一言以蔽之，课堂纪律不能越"度"犯"规"，尽力做到松紧有度，收放自如。

事实证明，学校任何班级都有纪律问题的存在。或大或小，或轻或重，或好或坏，而且常常见到同一班级的纪律被不同的教师管理后出现了明显的变化，原先好的可能更好，也可能变坏，反之亦然。那么如何让班级纪律管理正常化、常态化发展呢？松弛有度、宽严相济是很好的一个策略。

在课堂纪律的管理中常常见到的是"管"字当先，忽略"理"字的模式，这种顾首不顾尾的做法必然衍生出严厉、压制、惩罚甚至打骂的以镇压的思想为指导的管理方式，这自然不能让学生真正从心灵深处接受，也就无法变成自觉意识，因此一时的"管"不能带来长期的"理"，形成不了有效的管理，甚至因为没有带来真正的"心动"效应而形成师生间的对抗局面，这样的管理当然是无效的。同时教师必须知道管理的对象和本质都是人，人是管理的中心所在，课堂管理是一门"动人心"的艺术，突出的是"理"字，如果不能动之以情、晓之以理，让管理的理念深入学生心坎，管理就不可能有效。把握好"管"与"理"之间的尺度，运用松弛有度的策略不失为一剂良药。

高效课堂特色之一就是气氛既严肃又活泼，既紧张又宽松，让人身心愉悦，积极乐观。教师不能板着脸说话，表情严肃，刻意不苟言笑，使得学生大气不敢出，神情紧张，缺乏表达欲望。在沉闷担忧的情境里，课堂的凝聚力、互动感、和谐性降低，师生之间的情感、思想交流减少，于是"敬而远之"成了学生在课堂上与教师相处最无奈的方式，所以教师要清醒地认识如何才能"松"，让学生没有隔阂感，内心倾向亲近教师。如当学生注意力不集中时可以讲一个笑话，引起注意力的恢复和气氛的好转。平日里教师的一言一行、知识储备、人格魅力、品德修养等对学生的影响力都十分巨大，对课堂气氛改善极为有利。课堂教学不是一时一刻的事情，而是长期存在的，如何让学生在课堂上与教师维持"心心相印"，绝非一日之功，亦非应景而生，需要远景规划。有些教师兴趣来时便精心组织课堂，想尽办法让课堂活跃，却发现随后的课堂一塌糊涂，究其原因就是只有应急措施却无长效机制。要么太松、要么太紧的随意性管理，结果自然无法令人满意。

　　课堂纪律的管理对学生的教育教学的作用尤为重要，随着不断深入的教学改革，人们的认识与思想观念也会不断发生变化，这要求教师必须更加科学地遵循学生的身心发展规律，更有效地遵守课堂教学基本原则，更具体地尊重以学生发展为根本的宗旨，加强和深化课堂纪律管理的研究。总之，可以对课堂纪律管理做出原则性概括：课堂纪律管理应当是一种师生间的"心与心"的交流，而不是对学生的外部控制；课堂纪律管理是师生间内心渴求的本质化的管理，而不是突出外显的量化式管理；课堂纪律管理是师生间智慧火花的碰撞状态，不是花样翻新的活动堆积；课堂纪律管理是师生间刚柔相济、松弛有度的典型呈现，不是武力镇压、严密监控的安保措施；课堂纪律管理是师生间共同发展的自在状态，不是课堂气氛的有意渲染。一言以蔽之，课堂纪律管理闪耀着师生，尤其是教师智慧的无限光芒。

第二节　课堂问题行为处理策略

　　课堂问题行为是指学生在课堂上扰乱课堂纪律，不遵守课堂规则，破坏正常教学秩序的行为。课堂问题行为处理不当，会破坏师生之间的关系，扰乱课堂氛围，并影响教学效果。诊断和纠正课堂问题行为是教师课堂管理工作的重要内容之一，必须得到应有的重视。

　　学生课堂问题行为可分成两类：违纪行为和心理问题行为。违纪行为是指学生在课堂上违反课堂纪律的行为。它可以分为以下五个方面：第一，隐蔽性违纪行为，如开小差等；第二，轻微的矛盾冲突，如与同学小声争吵，互相干扰等；第三，不遵守作息制度，如无故迟到、打断教师讲课等；第四，扰乱性行为，如高声喧哗等；第五，恶作剧行为，如捉弄教师和同学等。心理问题行为是指学生在课堂上表现出的一些心理障碍，它们分为两类：一种是人格型问题行为，如神经过敏；另一种是情绪型问题行为，如学生注意力分散等。

　　目前，最常见的分类是基于学生的倾向，把课堂问题行为分为：外向型问题行为和内向型问题行为。外向型问题行为包括挑衅等攻击性行为，如故意顶撞班干部或教师等。外向型问题行为容易被察觉，它直接影响了正常的教学活动。教师应迅速、果断地终止此行为，防止其在课堂上蔓延。内向型问题行为主要表现为心不在焉，做白日梦，注意力涣散等行为；害怕问问题，沮丧和孤独等退缩行为；涂鸦，抄袭作业等不负责任的行为；迟到、早退等抗拒行为。大多数内向型的行为不容易被教师发现。但是，这种行为对学生的成长危害很大。因此，教师不能只控制外向型问题行为，也要认真防范内向型问题行为，及时进行矫正。

一、课堂问题行为成因

课堂问题行为受诸多因素影响。主要的影响因素集中于学生、教师和环境等方面。学生自身的原因是内因,环境和教师因素是外因。

(一) 导致课堂问题行为的学生因素

1. 学生的心理因素

(1) 认知能力发展失衡。成人对信息的选择加工具有较强的控制能力,可以有效地把注意力集中在特定的刺激上,而不顾别的刺激。而学生的认知发展仍处于从不成熟到相对成熟的过渡阶段,低年级的学生主要以具体形象思维为主,无法控制自己的注意力,容易被无关事物所吸引,发生课堂问题行为。若教师的教学不能适应此种变化,按学生心理发展特征和认知需求来灵活地呈现教学内容、选择教学方法,学生难免出现问题行为。此外,学生的认知水平参差不齐,教师只能满足大部分学生的需求。一些学有余力的学生,在完成教学任务后,他们采取一些与教学无关的方式发泄多余的精力,甚至会打乱课堂秩序,导致问题行为的发生。学困生因无法跟上教师的教学进度、掌握教学内容,对学习失去兴趣和信心,发展为沉默寡言的内向型人格,或者喜欢滋生麻烦的外向型性格。

(2) 情绪损失。希望引起他人注意是天性。学生比成年人更加渴望得到他人的关注、照顾。他们经常会采取各种措施来吸引教师的注意,以满足他们的身心需求。一些学生通过出色的表现得到关注。而有些学生却无法如愿以偿,一旦某次偶然的违纪行为得到关注,就会变相产生满足感,使学生错误地认为,只要违纪就能引起教师的注意,即使只有批评和惩罚,也比被完全忽视强得多。此类学生的课堂问题行为会屡禁不止。

(3) 性格倾向。学生的性格也是问题行为发生的重要因素。外向的学生喜欢尝试新的生活。一旦教室过于平静,那些极度外向的学生会感到无聊，并可能会爆发情绪，做出一些挑衅的举动。性格内向的学生喜欢安静，力求稳定和秩序，一旦课堂活动过于频繁且气氛过于活跃，内向的学生将会有排斥的心理，不愿参加课堂活动，不愿与他人协作。

（4）心理障碍。有些课堂问题行为与学生的心理障碍有关，是学生无法自主控制的。学生时代是一个需要友谊和关怀的时期，学生由于无法与人正常交往，轻者导致自身的恐惧和孤独感，重者则对人有怀疑、敌对、攻击之举。挫折是当目标或期望受阻而又无法克服时产生的一种紧张状态和情绪反应，它会引起学生的情绪波动、攻击性行为，以及逃避等行为反应。严重的挫折会导致学生学校恐惧症的产生，表现为每天上学之前心神不宁，想方设法逃避学校，在教室里如临大敌一样难受，无法参与正常的课堂教学活动。

心理障碍是部分学生出现课堂问题行为的重要原因，但并不是所有的课堂问题行为都可以归结为心理障碍。面对学生的课堂问题行为，教师要仔细斟酌，区别对待，对确有心理障碍的学生，应及时督促其进行心理调适乃至心理治疗，一味地惩罚和责难，只能加剧学生的问题行为和心理障碍。

2．学生的生理因素

影响学生课堂表现的生理因素主要包括，学生的性别、年龄、身体健康状况等。

（1）学生的性别差异。一般认为，男生比女生更加好动，在课堂上更加难以约束。一方面是因为男生和女生从小接受的教育观念有所差异，导致思维习惯和行为方式不同。另一方面男生的问题行为多是显性的，如吵闹打架，破坏课堂教学秩序等，而女生往往表现出隐性问题行为，由于表现不明显，易被教师忽略。教师应注意区分，并采取措施区别对待。特别是，应该避免忽视女生的潜在问题行为，及时预防和纠正女生问题行为的倾向。

（2）学生年龄特征。初中阶段，部分学生开始反抗权威，少数学生有严重的问题行为，变得难以管教，课堂管理成为教师的艰巨任务。高中阶段，因为大多数不认真学习的学生可能不再上学，并且学生变得更加成熟、更加自主，所以，教师无须花费大量时间来维持课堂秩序，可专注于教学活动。教师对学生团体进行管教的重要性降低，与学生个别、非正式的接触交流变得更为重要。

（3）学生生理障碍。学生的某些生理残疾会阻碍他们学习活动的正常进行，并容易导致问题行为产生。如一些学生由于语言障碍等，无法适应课堂教学，会导致烦躁和异常情绪的发泄。此外，学生发育期的紧张、疲劳、营养不良等，都会引起学生精神不振、担心害怕、神志恍惚，进而产生课堂问题行为。此外，神经发育迟缓或者神经功能障碍会造成学生的"多动症"，心理学把这种现象称为脑功能轻微失调。这种现象容易导致学生注意力涣散、活动过度、冲动任性，从而难以控制自己的行为，出现活动过多、情绪不稳、大声怪叫、注意力不集中等多种课堂问题行为。

（二）导致课堂问题行为的教师因素

有时候，学生课堂问题行为的产生并不是学生自身的问题，而是由教师不正确的指导思想或教学管理行为所导致的。其因素主要表现为：

1. 教学失误

部分教师受到水平、学识等因素的影响或者由于态度不认真，备课不充分、不恰当，不讲究教学方法和教学艺术，导致课堂气氛沉闷乏味，使本应让学生感到轻松愉快的求知过程变成了煎熬，学生不能有效地融入教学，部分学生甚至用干扰课堂的行为表示不满。此外，教师组织能力、表达能力差也是学生问题行为的诱因。

研究证明，如果教师讲授进度不当或者缺乏交叉活动之间的过渡，不能同时进行交叉活动又或讲课时显得无能、迟钝，或者在一段时间里只停留在一个问题上，那么，学生就很可能将功课置于脑后而开始捣乱。有的教师突然转换讲课主题，在学生无心理准备的情况下进入某一活动，或者在各种活动之间随意转换，毫无章法，学生的思绪不能及时地跟上教师的教学节奏，极易引起课堂内的混乱与喧哗，从而增加不良课堂问题行为产生的机会，还有一些教师语言烦琐，不能清晰有效地向学生呈现教学内容。

这些失误很容易导致学生心目中的教师威信降低，引发学生的问题行为。研究表明，教师在学生心目中的威信越高，学生就越不易产生问题行为；相反，威信越低，就越容易导致学生的问题行为，也越难控制或纠正学生的问题行为。据调查，在学生心中，以下六种教师最容易丧失威信，从而导致课堂问题行为的发生：

（1）业务水平低，教学方法差；

（2）对教学不负责任，懒懒散散；

（3）对学生的要求不一致，提出要求也不检查；

（4）向学生随意许诺，但总不兑现；

（5）软弱无能，缺乏魄力；

（6）缺乏自我批评精神，明知错了也要强词夺理。

2. 管理失范

对于教育者，教学和管理是顺利完成工作的基本保障，是必不可少的。但是，许多教师过于重视教学任务，而忽视了课堂管理，或者以专制的方式处理管理中的问题，导致缺乏尊重学生的行为，引起学生的抵抗情绪，导致学生课堂问题行为的产生。

管理失范体现在以下两个方面。一是，放任学生，就是教师对学生的行为不关心、不理不睬或缺乏对教学的耐心和热情，使课堂教学变得简单。活动中，师生仅保持肤浅、冷漠的工作关系，师生之间缺乏顺畅的沟通和交流，人为地造成教学阻隔，学生也因缺乏指导和约束而出现违反课堂规则的行为。二是，言语伤害，教师经常对学生的言行举止进行无情的语言打击，尤其是对差生进行谩骂、训斥等，用朽木不可雕、无药可救等话语伤害学生，导致学生自暴自弃或严重的抗拒行为。这样的管理方法不仅无助于维持课堂秩序，而且会大大降低教师的威信，导致学生隐性的退缩性问题行为或公然挑衅。

总之，由于教师的管理失败，学生的自尊心和上进心受到挫折，得不到应有的关注和鼓励，学生就容易自暴自弃，甚至与教师敌对，导致各种问题行为的发生。

3. 情绪异化

教师异化的情绪必然导致偏异的行为，而这种偏异行为必然会引发学生的问题行为。情绪异化主要表现在：

（1）冷漠。一些教师表现出的情感偏向，对一般学生表现出严重的漠不关心、不闻不问、冷淡等行为，把关注的焦点都集中到学优生身上，对表现不突出的一般学生，尤其是学困生的感情投入和关爱不足，从而加剧了这部分学生对教师的疏离感，强化了他们自卑、退缩、懦弱的个性。

（2）易怒。一些教师情绪偏激、感情控制能力差，不能很好地控制自己的情绪，即使是鸡毛蒜皮的小事也要唠叨不休，甚至大发雷霆；一些教师将外界的不良情绪带到课堂中来，把学生当撒气阀，久而久之，造成学生对教师的内心愤怒和反抗，造成师生对立的情况，受伤害的学生会借助不同的方式来表达他们的抵触情绪，问题行为因之出现。

（3）偏爱、偏恶。有的教师在言谈举止中不自觉地流露出对学优生的偏爱，而对另外一些学生则明显偏恶，伤害了他们的感情。这种情绪偏向，常常是产生课堂问题行为的直接原因，导致学生或者骄傲自大、目中无人，或者自卑自弃、自甘堕落。

（三）导致课堂问题行为的环境因素

学校教育是一个系统工程，受各种外来因素的影响，学生的课堂问题行为与外部环境的影响密切相关。调查表明，三分之一的课堂问题行为是由环境造成的。影响课堂问题行为的环境因素有家庭环境、学校环境和社会环境。

1. 家庭环境

对孩子性格和人生态度的发展而言，家庭教育起着奠基性作用。每个人初入学校时都不是白板一块，而是带着家庭教育的烙印。在随后的学校教育过程中，家庭教育也具有不可忽视的辅助作用。周末失败的家庭教育足以抵消学生在学校五天的教育。

不良的家庭环境是学生问题行为的诱因之一，表现在以下两个方面：第一，家庭结构的变化导致学生问题行为的频繁发生。家庭结构的变化如父母离婚，或者孩子留守，这些孩子容易在性格和情绪上表现出的问题，直接影响他们的学习成绩和行为表现。第二，家庭教育不当。一方面，像父母没有时间照顾孩子，放养孩子，将所有责任推给学校，导致学生缺少家庭的关爱，在心理上受到冷落，导致一些问题行为产生。另一方面，父母的不良教育方式导致学生的问题行为。一些父母在教育中过于纵容或者过于苛刻，以致孩子形成以自我为中心、好斗等问题行为。

2. 学校环境

学校环境包括物质环境和心理环境两种。就物质环境而言，校址的选择、学校的布局、校园建筑的风格、校园的绿化美化、教室的设计、教学设备的安排等，都会对师生的身心产生直接影响，对师生的情绪、心境会有潜移默化的影响，而这些环境问题处理不当就会产生课堂问题行为。此外，课堂周边的物理环境不利也会影响学生的正常学习，从而引发课堂问题行为，比如外来的强光、奇臭、震耳的轰鸣、教室外嘈杂和喧哗及突变的天气条件等，都可能成为课堂问题行为的刺激源。还有班级规模的大小、座位的编排方式等也与课堂问题行为有关。就心理环境而言，校风、班风、课堂教学气氛、师生人际关系等，会不同程度地影响师生的课堂行为。

3. 社会环境

如今是信息时代，全世界每天约有数亿信息单元的信息量在生活中传递，并以年递增15%—20%的速度发展。然而，一些低级趣味的产品信息也充斥于当中。不健康的网络环境和负面的媒体信息，考验着中学生的信息抉择能力和价值判断能力。研究发现，在生活背景相似的条件下，喜欢观看暴力电影或沉溺暴力游戏的学生比其他学生存在更多的攻击性行为。此外，不良同伴的行为对学生的影响也很大，有的学生会受社会上一些坏人的唆使，甚至走上违法犯罪的末路。

二、课堂问题行为处理具体策略

根据学生在课堂上的行为时机，采用不同的策略。在出现问题之前，预防意识要强。出现问题时，应及时纠正。问题发生后，应立即补救，并采取有效措施以防止该行为再次发生。

1. 问题防范策略

防患于未然是课堂问题行为处理最有效的策略。

首先，教师要创造一个理想的教学环境，教室的布置、座位的排列、外界的干扰等都可能导致学生的分心或问题行为，因此，教师在上课前必须对课堂环境进行简单评估，对可能引发问题行为的因素做出必要的调整，从而使环境成为课堂教学的支持性力量，而不是干扰教学、引发学生问题行为的客观因素。

其次，教师要让学生明了课堂行为规范。在学期伊始时，教师就应该与学生约法三章，使学生清楚地了解什么是适当行为，明确什么是必须做的，什么是可以做的，什么是不允许做的。教师应适时地将这些标准转化为课堂程序和常规，以形成学生的课堂行为规范，以奖惩措施来强化执行。一旦形成了制度和规则，就要及时地、反复地巩固，并要不断运用、积极强化将学生的注意力集中到教师所期望的行为上。

再次，教师应精心准备课程，吸引学生的注意力。教师应根据学生理解水平的差异设置不同的教学目标。根据教学情况和学生的不同反应，教师随时调整教学内容和教学方法，从而使所有学生对课堂教学活动感兴趣，从而减少出现课堂问题行为的机会。

最后，教师应积极指导并树立良好的班风。班风是班级某些主导态度和情感的综合表达，反映了班级的精神面貌和整体氛围。班风以集体的思想导向和价值判断标准制约着学生个体的行为。树立良好的班风是班级管理的重中之重，良好的班风是学生进步的动力，在学生的学习和生活中发挥微妙的作用，使违背班集体的行为受到舆论的谴责，其会感到压力，会有意识地终止或纠正问题行为，便于教师的课堂管理。

2. 行为矫正策略

尽管预防是有效的，但无法杜绝问题行为发生。当出现问题行为时，必须即时纠正。当前，普遍的方法是强化法、现实治疗法和个人日志法。

强化法是一种心理学技术，依据行为主义心理学理论，通过系统地应用刺激来改变学生的行为。在课堂管理中，教师通过微笑、奖励等方式刺激学生产生积极心理，如愉悦和满足感，使其更受欢迎；教师可以通过惩罚等负强化物，刺激学生产生不良的情感体验，使不良情绪与问题行为有机地联系起来，减少甚至消除问题行为的发生，从而达到修正学生行为的目的。

现实治疗法强调学生直面问题并承担解决自己问题的责任。教师应摒弃权威身份，扮演一个促进者角色，与学生建立和谐的人际关系，暗中指导学生，使其能自觉承担并改善自己的行为。具体的措施是，在教师的帮助和指导下，让学生自己描述和评估当前的问题行为，并确认正确的行为。教师帮助学生制订切合实际的行为改变计划，在实施过程中，教师可以与父母协作共同帮助学生根据实际状况修改和完善计划。

个人日志法是依靠外部权威来督促学生改变其行为。实施过程是教师为有问题的学生建立个人课堂行为日志,并根据学生的课堂表现对日志中的项目进行评分。分数达到一定指标,家长或班主任将给予奖励。对于没有达到目标的学生,家长和班主任要勤于批评和督导,并施加压力以促进他们日益完善。

3. 心理辅导策略

学生的行为是其心理的反映,在学业压力和人生问题面前,学生会产生情绪障碍,乃至心理疾病。学生的心理问题主要集中在人际关系、情绪稳定性和学习适应方面。但是,无论什么性质、什么程度的心理问题,也无论这些问题是长期性的还是暂时性的,都会导致学生问题行为的发生。教师要帮助学生疏导,调节心理压力,并最终解决问题。

教师应提供以下几点心理辅导:(1)放松学生的情绪,给他们充分的表达机会。教师应与学生建立朋友关系,使学生有亲切感。在交谈时,教师可以从学生的专业、兴趣开始,引出主题,消除学生心理防备,激发说话的欲望,使学生充分表达自己真实感受。(2)根据学生的情感变化,随时调整思想。(3)作为一名教师,要用自己的人格力量来熏陶学生的灵魂,使学生的内在情感变得积极。一个人格高尚、热爱学生而又为学生所爱的教师,对学生的关爱和心灵感化作用是任何他人都代替不了的。(4)教给学生心理调节和控制方法,例如想象调节等。心理学研究表明,自我暗示对人的心理活动和行为具有显著影响,因此,教师可教给学生通过内部语言如告诉自己"我能行""不要紧张""不要灰心"等,提醒和安慰自己,缓解心理压力,调节不良情绪,抑止负面的心理和行为。

4. 团体动力策略

团体动力学理论认为,个体在团队中的行为与独处时的行为大不相同,团体可以改变个体的心理活动和行为活动。团体应该依据一定的规范行事,教师在课堂管理中,可以利用其特征改善问题行为。

利用团体动力处理问题行为,教师要掌握以下四点:(1)及时形成良好的团体规范。即团体行事不能任意妄为，需要在良好的团体规范指引下实现团体目标。教师必须重视对团体规范的引导，尤其是对于一些非正式的小团体来说，教师的指导和干预可以引导学生形成一种合乎价值规范和群体需求的行为方式。优良的团体规范一旦建立，学生个体的行为必须适应这个共同的目标和规范要求，以便能够进行正常的人际关系。因此，学生会不断调整自己的行为，以获得这个群体的认可。(2) 提出适当、成员感兴趣的任务目标。任务目标应与学生生活密切相关，例如教室中物品的设置与摆放等。这些任务全可以用团体参与的方式解决，因此个人可以在团体任务的激励下与他人一起进步。(3) 采用合作的态度和行为指导团体成员承担任务。用协作的方式解决问题可以让团体成员感受到自己的责任，互相支持，并共同努力以实现共同的目标。(4) 及时反馈和评价团体的行为。教师的反馈和评价可以有效地促进团体的成长和进步。尤其当团体行为和发展趋势良好时，教师激励性的评价将进一步凝聚力量、人心，促进向心力和合作力的形成，使团体成员在目标和思想上朝着积极的方向发展。

5. 家校联合策略

学生的很多问题行为在课堂上表现出来，其归根结底来源于家庭。想要矫正课堂问题行为，就要获得家长的配合，甚至让他们成为教学助手。此外，必须要与家长进行系统和有计划的沟通。一方面，教师能了解更多的学生信息，例如学生的成长经历、偶像等，以便更好地分析学生的课堂行为。另一方面，也可以使家长对教师和学校有更深入的了解，更加理解、支持教师与学校。教师可以通过电话、微信、上门拜访等方式与家长保持定期交流。加强与家长的沟通并做好家长的工作，是学校教学的重要手段，更是学生全面发展的必经之路。当家校联合时，"5＋2"教育周期会成为学生全面发展的重大动力，教育效果会更上一层楼。家长作为孩子人生中的第一任老师。他们的一举一动都会对孩子的行为产生潜移默化的影响。

第三节 生物课堂偶发事件处理方法

一、生物课堂偶发事件内涵

在生物新课程理念的倡导下,生物学课堂不再是教师一人主导的课堂,而是教师和学生交互学习和提高的课堂。在这样的课堂中,教学处于动态的、多边的复杂关系之中,常常会出现许多教师意想不到的教学事件,即偶发事件。变化的课堂偶发事件时有发生,这就要求教师能"随机应变"地选择最佳策略,出奇制胜,使偶发事件成为课堂教学中跌宕起伏、引人入胜的环节。课堂教学中偶发事件的处理能充分体现教师教学的艺术性,这种课堂教学艺术是教师的大脑经过瞬间高度运转后的产物,最能表现他们高度的教学机智,同时也是他们发挥聪明才智、树立威信、塑造自我形象的良好机会。

1. 课堂偶发事件的危害

在课堂教学中,情境错综复杂、瞬息万变,随时可能发生偶发事件。它要求教师能够正确、迅速地做出判断,并及时进行妥善处理。偶发事件不同于一般的问题行为,其具有突发性,往往打乱正常的课堂秩序,并具有一定的危害性。课堂上的大多数偶发事件都是消极的,往往带来一些负面影响。像打乱课堂学习的秩序,破坏课堂规则,影响教学目标的实现,以及人际关系方面的冲突;一些事件还严重损害了班级的荣誉,影响班风和学习质量,并降低了整个班集体的水平;一些有害性的事故还会导致学生残疾。偶然事件提高了课堂教学的难度,倘若教师处理不当,会干扰教师的热情和自信等。

偶发事件的危害概括为：第一，要暂停教学的进程。妥善处理偶发事件，就要花费不少时间，教学任务的完成必然受到影响。第二，偶发事件出乎教师的意料之外，搞乱了教师预先的教学组织安排。第三，学生受偶发事件干扰，跟随教学进程的思维被打乱，若个别学生趁机捣乱，其他学生的学习就很难继续下去。由于偶发事件具有一定的危害性，因此教师要精心组织，控制课堂。

2．课堂偶发事件的特点

课堂上的偶发事件产生的原因多种多样，内容也是各不相同，但一般皆有以下特征：

（1）教师难预料。教师能对教学中的问题做出一定的估计，但万事都有难料时。教学情境复杂多变，有时表面很平静，实际上，存在着潜在的危险，有些事件在发生前尽管有些预兆，可预兆自身具有潜在性和隐蔽性，况且学生数量多，教师难以时时全面掌握学生的心理状态，因此，当一些偶发事件发生时，教师常常感到突如其来，措手不及。

（2）效应上的震荡性。课堂上的偶然事件往往会给学生带来强烈的情感体验，这将极大地影响学生的未来学习，道德和人格发展。一些事件与全班息息相关，这会震动全体学生思想和情绪，进而冲击大多数学生，产生震荡性的效应。

（3）形式上的多样性。课堂上偶发事件的原因错综复杂，其表现形式也多种多样，一是，学生课堂上的人际关系冲突，表现为学生之间打架、学生顶撞教师。二是，恶作剧，例如个别学生向教师提出一些与教学内容无关的怪问题，在别人背后贴纸条，引得全班同学哄堂大笑等。三是，有的学生在课堂上突发某种疾病，如突然晕倒等，往往引致课堂的骚动和混乱。四是，意外伤害，例如龙卷风致使教室坍塌，导致学生伤亡。五是，外部环境的干扰，例如户外商演吸引学生注意，扰乱课堂秩序。

（4）处理上的紧迫性。由于偶发事件的发生，教学过程被迫中断，引起全班发生混乱的情况。教师要立即冷静处理此类事件，尽快恢复正常的教学进程。要求教师必须当机立断，正确、冷静地处理问题。

二、生物课堂偶发事件处理方法

课堂教学中偶发事件的处理，必须利于提高学生的思想认识，利于树立教师的威信，利于消除教学中的不利因素，并促进建立良好的师生关系。因此，处理偶发事件时教师要遵循以下原则：

1. 冷却处理法

冷却处理法是指教师暂时冷冻偶然事件，等到课后其他时间进行处理，正常按原计划进行教学活动的方法。有时学生提出的问题一时难以回答。这时候，教师可以说："这个问题我们课后再讨论好吗？"既避免了教师的尴尬，又不会浪费时间，也可以发动学生课后查阅资料，调动学生学习的积极性。如：在讲到认识血液化验单时，教师提到白细胞暂时升高，表明体内有急性炎症。这时有学生提出："白血病也是白细胞过多，如何判断到底是急性炎症还是白血病？"教师回答他："白血病不是简单就能判断，要做骨髓穿刺。具体要看不同种类的白细胞数量的变化。你们可以回去查阅资料。"

2. 满怀爱心，防止矛盾激化

偶发事件有时出现在学困生身上，有的学困生自尊心强，同时自卑心理也相对更重，他们非常渴望得到教师的信任和尊重，即使他们犯了错误，他们也希望得到原谅。因此，作为一名教师，应该坚持每位学生都可以被教育好的信念。处理偶发事件时，要注意将严肃、善意的批评与信任和积极鼓励相结合，尽可能多地将尊重和需求结合起来。

3. 因势利导

因势利导中的"势"，是指事情发展的趋势。处理偶发事件时，要挖掘事件本身的积极含义，顺势将学生引上正路，或逆势把学生拉回正轨。例如，讲课时，一只小鸟突然飞进教室，环绕一周后又飞出去了。学生的注意力早已被小鸟带走，这时，适当地提出个问题"谁能说说刚才小鸟属于哪一类动物，有什么特征？"这样不仅顺从了学生的好奇心，还满足了学生的求知欲，维护了教学的秩序，扩展了课堂教学信息，达到了教学目的。

4. 实事求是，不搞文过饰非

一些偶发事件是由学生或外部因素引起的，有些是由于教师在教学中的失误。教师发生失误后，不能不承认错误，甚至训斥学生，这样会使教师丧失威信，应该实事求是，让学生深入了解，或者尝试巧妙更正，把事故变成"故事"。例如，某教师在给学生讲评"中心体"的习题时，有一道题目只用数字标出了一个中心粒，该教师在讲解过程中告诉学生说这就是一个中心体。当时他并没有意识到这一点，后来有学生打断了他的教学，并当场把错误指了出来。当时，他虽然显得有些尴尬，但还是承认了自己的错误，并借此提醒学生注意，一个中心体是由两个相互垂直的中心粒组成，单独一个则不能叫作中心体。

5. 趁热加工法

趁热加工法是指偶发事件发生时，教师应立即处理，取得最佳的教育效果。例如，某教师正在授课时，他发现窗外飘落的树叶吸引了学生的注意力，抓住此机会，他让学生观察落叶飘落的状态，结果收获了意想不到的效果。趁热加工法经常能够及时解决偶发事件，同时给学生留下深刻的印象，具有一定的催化作用。但是，这种方法通常会占用一些教学时间，甚至需要教师被迫更改教学计划，从而影响教学任务的完成。比如在一节生物课上，教师发现学生的注意力突然一下子从教室转移到教室外面去了，原来在校园中，一只大白猫正在蹑手蹑脚地逼近一只兔子。在此情境下，教师没有马上制止学生观看窗外的精彩场面，而随机改变了当节课的教学计划，让学生认真观察，然后利用学生的好奇心和兴趣，来讨论和分析生物之间的捕食行为。这既顺应了学生的好奇心，满足了学生的求知欲，又保证了教学秩序，扩充了课堂教学信息，并将生物知识与实际生活很好地结合起来，达到了教学目的。

6. 以变应变

当课堂教学超出原来的设想，突然出现意料不到的情况，且影响到正常的教学时，教师可以变应变。偶发事件是教学中的意外，这就要求教师本身具备良好的个人素质，对课堂发生的情况做出正确判断，及时调整教学方案。如：在调查常见的相对性状时，在班级中，一般以小组为单位开展调查，有的学生提出："我的眼皮一个双一个单，到底是双眼皮还是单眼皮？"这时候教师就指出："单的眼皮是发育过程中眼睑肌未发育完全，其实属于内双眼皮。"学生听了恍然大悟，解开了心中的疙瘩。然后小组长汇报调查结果：双眼皮比单眼皮的人数多。最后得出结论：显性性状比隐性性状出现的概率大。这时，教师可趁热打铁指出产生这种现象是因为在一对基因控制的性状中只要有一个显性基因存在就表现出显性性状。但也有个别班级出现了单眼皮人数多于双眼皮的现象，针对这种偶发事件，教师解释："我们是以一个班级为单位进行调查，调查范围小，人数有限，但扩大到一定范围内，有了一定的人数，双眼皮人数就比单眼皮人数多了。"这样学生对调查结果就能够理解接受，也培养了学生实事求是的学习态度。

7. 共同探讨法

若学生提出的问题与课堂教学内容密切相关，教师就可以有意识地把问题还给学生，并组织他们讨论交流，以共同解决疑难问题，同时还可以借助师生交流来活跃课堂气氛。例如，在学习"细胞器"的时候，当教师讲到溶酶体中含有大量的水解酶，它们可以将一些代谢产物以及衰老和死亡的细胞器水解掉。有些学生当堂就提问："为什么水解酶不把溶酶体自身水解掉呢？"这个问题是教师在备课时所没有想到的，于是就把问题作为一个讨论题，让学生进行分组讨论。而教师也进行认真思考，最后，在师生的共同努力下，得出了答案，即溶酶体膜可能经过特殊的修饰，能起到保护作用。

人无完人，教师不可避免也会出现错误，但这时可以采用师生共同探讨的方式处理此类事件。例如，一位教师在复习有丝分裂的过程时，PPT上的图片有一张顺序放错了，教师课堂上意识到了。这时，教师巧妙地问："现在我要考考同学们的观察力，看谁能发现老师PPT中的错误"。学生在反复思考和观察后，纷纷举起双手，迅速纠正了错误。共同讨论后纠正错误，不仅可以调动学生学习的积极性，还为教师赢得了宝贵时间。

综上所述，在课堂教学中，绝大部分的偶发事件都是由学生引起的。教师通常是对当事人进行批评教育，立刻消除不利的教学因素，阻止学生的不良行为。然而，偶发事件背后的隐藏动机是多样的。对于不良品德引起的事件，教师必须高度重视；对于那些因顽皮、无知等引起的偶发事件，则不需要十分严厉扩大事态；由于自己的工作失误或外界干扰的偶发事件，要超乎常规处理。在课堂上，教师要做到"睁大眼睛，了解全貌"，"眉头一皱，计上心头"，"将手一伸，鸦雀无声"。教师若以身份压制学生，会使学生反感甚至顶撞教师，进而加剧师生矛盾。因此，教师需要灵活地处理偶发事件，正所谓："阵而后战，兵法之常，运用之妙，存乎一心。"上面所介绍的几种方法，或许会让广大教师有所启迪。

思考题：

1. 为保证课堂教学顺利开展，如何进行课堂纪律管理？
2. 课堂问题行为产生的原因主要有哪些？
3. 作为任课教师，在维持课堂纪律时，遭到学生的直接顶撞，教师会如何处理？

第七章 生物课堂中师生情感的管理

第一节 师生情感管理的内涵

人非草木,孰能无情?课堂教学活动是具有创造性的,师生没有积极向上的乐观的心态,教育智慧就没有办法发挥出价值。正因为如此,孔子曾说:"好之者不如乐之者。"这里提到的"乐知"就是师生在教学中的情感,要求教师对教学要持有积极客观的心态。其实,课堂教学活动是由师生情感与认知交织而成的。当人们从情感角度审视课堂教学时,眼前便会展示出一番新的景象。课堂教学管理的重要组成部分之一即师生情感管理,在有效开展课堂教学中起着关键作用。师生要能够控制、管理好自身情感,不表现过激的动作行为,在教育生活中对自身的情感负责。

一、情感与情感管理

人们都知道"情感"一词,但是情感也是一个很复杂的心理问题。"情感管理"是人文社会科学界尤其是教育学领域中的概念。要为师生情感管理下定义,前提就是清楚"情感"和"情感管理"这两个基本概念。

1. 情感

情感是人对客观事物是否满足自己的需要而产生的态度体验,是人体验客观事物后做出的相应的行为反应,能够使行为趋近或疏远。在现实生活中,情感代表着人内心对事物的喜好,包含着与内驱力或生理需要直接联系的驱动性。

情感虽与客观事物密切相关,但又不由客观事物直接而机械地决定。情感唤醒模式告诉人们,情绪受环境的影响,会被环境所刺激,是生理状态和认知过程之间相互作用的结果。具体来说,情感是由道德感、理智感和审美感组成的，其特点是两极性、感染性、理解性、扩散性和情境性。

（1）两极性表现在高兴和沮丧、积极和消极、肯定与否定上。当一个人处于极端的情感并稳定下来时，极端的情感就成为支配性的情感，如激情和冷漠、开朗和孤独、温柔和刺激。情感具有两极性和多元性，在不同的状态下表现出不同的特征，但是不同特征的情感可以通过激活而转变为另外的情感。同时，根据特征和条件的不同组合来分析情感的各种表达方式，可以通过适当的方法实现情感的理解和管理，从而指导情感发展的方向。

（2）感染性是指情感可以受到某些形式的影响，导致相似的情感特征，例如潜移默化、耳濡目染都反映了这些特征。这是情感被动的方面。更积极的方面是移情性，也就是说，主动地把同情和体谅赋予周围的人与事。

（3）理解性是情感基于认识而产生的，并且随着认识的发展而变化。例如，当教师和学生感受到课堂教学的意义和价值时，这种感受就可以变成对教学的热爱和对这样深刻情感的不断追求。如果教师和学生掌握课堂教学的规律性并用它们来解决实际问题，那么就会产生成功和满足的情感。

（4）扩散性是在一定条件下，人们情感能自行传播或扩散到其他主体与客体上去。与感染性不同，具体而言，情感的扩散性包含了四种情况：其一，向内扩散，即情感向主体自身弥散，使一个人的整个心理和行为在一段时间内都笼罩上一层层厚厚的某种或几种情感色彩；其二，向外扩散，即情感传播到主体之外的人或物，使其他人或物也具有与主体的情感相同或相似的情感；其三，时间扩散，即情感的扩散可以持续一定的时间而不消失；其四，空间扩散，即情感可以扩散到许多对象上。这四种扩散几乎是相互包容的，构成了情感扩散的整体特性。换言之，向内扩散既有时间扩散，又有空间扩散，向外扩散也是一样。时间扩散既有向内扩散，也有向外扩散，空间扩散同理。

（5）情境性是指一个人的情感总是在特定的情况下产生的，并且该情况的各种要素通常会对情感产生综合影响。一般而言，在充满快乐氛围的情境中，容易让人不由自主地产生快乐，如参加学校的联欢会，几乎每一个师生都会喜笑颜开、其乐融融；而在具有悲伤气氛的情境中，一个人也会情不自禁地产生悲伤，如教师听到某位学生家中的不幸，即使与其家人生前毫无交情，也会体验到悲痛。情感的这一特点还表现在，情感会随着有关情境的变化而改变，也就是说，情境改变了，情感也会随之改变；情境消失了，人的情感也会随之消失；情境再现了，情感也会随之死灰复燃。这种情况，在师生的教学互动中司空见惯、不胜枚举。

2. 情感管理

情感管理是指了解自己与他人的情感、清楚表达情感、处理自身与他人情感，进而运用情感解决问题或采取行动的能力。情感管理的重要意义显现在生活的诸多方面，它决定了个体主观上认为生活或工作是否顺心，并影响着个体与他人之间的交往和关系，从而决定着学业与工作中的表现及成效。易受情感所支配的人，是不能管理好自身情感的，在行为上会表现出缺乏理性的冲动，进而使人际关系僵化；如果不能与身边的人和事和睦相处，在家庭、学校或工作中都心怀不满的情感，将一切不好的结果归咎于他人，或陷入深深的自责之中，就会形成恶性循环，加重自身的消极情感。相反，若能快速敏捷注意到自己和他人的情感，面对自己的消极情感时不急躁，学会体会他人感受，设身处地为他人考虑，没有肆意批评，并将生活中的挫折当成对成功的挑战，用坚定的信心去面对挑战，对人或事做出适宜的反应，就可以与他人保持友好关系，获得他人的尊重与爱戴，确保生活和工作中各项事务顺利进行。

情感管理的重要性同样展现在师生身上，尤其是对教师而言，教学是一种需要与他人高度互动的工作；身为一名教师，每天都要面对课堂教学中的各项挑战，尤其是对教育教学改革赋予教师较为艰巨的角色任务，常令教师负荷相当的教学压力，难免产生感情的波动现象。课堂教学不仅是一项技术和认知性的工作，也是一项感情劳动。教学活动需要教师和学生表达个体的情感，而情感也应藏在个体当中，影响着师生的行为表现，师生在教学情境中与他人的互动关系，彰显着教学行为及其效果。

二、师生情感管理

课堂教学中的情感互动是复杂多元、丰富而又微妙的。在教学活动中，教师的情感，如愤怒、悲伤、高兴、恐惧和道德感等情感直接或间接影响学生的情感。教师的动作手势、各种形式的情感表达也可以改变学生的情感状态。教师对教学的热情会感染学生并影响教学活动。同样，学生在课堂上的情感体验、情感状态和情感表达将限制教师的教学感受。在教学活动中，师生不仅是教与学之间的简单关系，而且是具有情感机制的教学情智关系，师生之间的情感互动是课堂的基本活动。在教师的专业发展中，教师应能够激发积极情感，消除消极情感并分析相关情况。教师的情感管理包括"增强型"情感管理和"消除压力"情感管理，前者是指教师为增加特定情感体验的强度或持久性而做出的努力，后者是指努力削弱特定情感体验的强度或耐久性。目前普遍认为师生情感管理是教师和学生在课堂教学中"借以影响自己拥有何种情感、何时拥有，以及怎样体验和调控情感的过程"。可以看出，师生的情感管理不仅调节了已有的情感，而且还培养了新的情感。师生情感管理的核心是保持师生情感和教育情境的协调性和适应性，以有效调节和控制人的情感。具体来说，师生情感管理包括指导、控制和改善负面情感，以及刺激和维持正面情感的能力。良好的情感管理是师生在课堂教学中取得成功的关键因素之一。在课堂教学中，情感不要太强烈，过度的情感常常对人有害。情感也不要太低落，这对完成教学任务非常不利。只有在情感管理好了之后，才能灵活运用情感，从而实现情感管理的合理性，促进课堂教学活动的发展。

课堂教学情境的特殊性决定了师生情感管理合理性的具体内涵，主要包括两个方面。

1. 学会自我调整

在课堂教学中，教师的情感状态对学生的情感和行为有很大的影响。就教师而言，在他们的职业生涯中，和谐的教育生活有助于激发积极和令人愉悦的情感，而教育工作中的种种矛盾常常使教师的心理陷入矛盾的挣扎状态，从而使教师的心理陷入困境和被阴霾笼罩在负面情感中。如果教师的消极情感无法调整，那么学生会意识到它们，学生将注意力在不合理的事物上分散开来，并受到感染和移情，直接影响学生的情感。而且，学生在课堂活动中，也可能受到教师负面情感的影响。所以，师生情感管理的重要内涵之一就是要克服负面情感的影响。

2. 自觉地发展积极情绪

在课堂教学活动中，教师需要营造积极的情感氛围。作为教育的对象，学生的身心发展具有不同的特征，但自身的情感在学生的发展中具有特殊的地位。可以说，师生的生活充满了情感，学生的情感敏感而多变。一般而言，他们大多数都对处于积极情感状态的教育活动感兴趣，在此情感下他们可充分参与课堂活动。因此，教师情感管理目标之一就是要营造良好的情感氛围。这样学生更容易受到积极情感环境的感染。在课堂教学中，教师需要通过一定的方法来减轻或消除负面的情感影响，还要依据教育环境的要求，有目的地营造一种轻松、和谐、乐观、积极的情感氛围。教师应该有孩子般的心，要有孩子气。他们经常表现出对学生的积极乐观和热爱对学生的身心发展有微妙的影响。

三、师生情感管理的功能

众所周知，人们经常因为"心动而行动"，学生常常因为"亲其师而信其道"，教师往往因为"爱之深而求之切"。师生情感管理在课堂教学中发挥着重要的功能，不只是师生个体掌控自己在教育中的情感反应能力，同时因为教师承担着教育学生的责任，所以教师的情感管理又有着特殊的意义，在此，主要从教育质量提升、师生发展等几个方面来分析。

1. 提升教学质量的倍增器

师生情感管理与课堂教学相互作用。一方面，课堂教学的顺利开展离不开师生的情感管理；另一方面，情感管理的重要性通过课堂活动得以实现。课堂教学，尤其是学科知识的教学，是一种追求真理的纯粹认知活动，它甚至不能让情感渗透进去。实际上，师生的情感管理对课堂教学有积极影响，充分发挥其作用可以使教学更加有效。师生只有在认识、发展自己情感的前提下，才能很有效地开展教育教学活动。

生物课堂教学的根本目的是能认识到生物学在坚持人与自然和谐共处、促进科技发展、社会进步和提高人类生活质量等方面的重要贡献；树立生命观念，能够运用这些观念认识生命现象，探索生命规律；形成科学思维的习惯，能够运用已有的生物学知识、证据和逻辑对生物学议题进行思考或展开论证；掌握科学探究的思路和方法，形成合作精神，善于从实践的层面探讨或尝试解决现实生活问题；具有开展生物学实践活动的意愿和社会责任感。

为了学生的健康成长和全面发展，在课堂教学中不仅要追求认知领域的目标，还要达成情感领域的目标，不能只注重认知能力的发展而忽略情感管理能力的培养，更不能以牺牲情感目标而将认知目标作为教学的唯一指向。可以说，情感管理方面的低能是教学质量低劣的标志，课堂教学如果忽视情感目标的实现，人的全面发展将会成为空谈，更谈不上师生整体素质的优化和提高。

2. 开展教学活动的主动力

长期以来，东西方哲学家都认识到了情感对人类生存的动态影响。作为理性主义哲学派的代言人，黑格尔还肯定了情感的作用，并认为，"冲动和激情是一切行动的生命线""没有激情，就不可能完成伟大的事业"。

从这个意义上讲，现代情感心理学倾向于将情感视为第一性动机。情感的动力功能主要是指情感对一个人的行为活动的影响。换句话说，在引起个人动机行为的过程中，情感起着重要的调节作用，主要表现为动机行为的强度。例如，同一个人在相同的需求和动机系统的控制下，无论情绪高涨还是低落，其活动的动力强度都存在显著差异。情绪高涨时，他会全力以赴，努力工作，克服困难，实现预定目标；情绪低落时，就会缺乏动力和努力，稍遇阻力，便会畏缩不前，半途而废。

3. 增强师生交往的润滑剂

情感管理是人际关系中的重要因素，它通过影响人的认知和行为对人际交往产生作用。

首先，情感管理影响师生的人际认知。人际认知是个体在与周围人事的交往中，对自己、对他人以及自身与他人相互关系的认识。它是交往的基础和前提，在一定程度上决定着交往的对象、方式和策略，从而影响交往的效果。在教学实践中，许多教师和学生都有这样的体验，即如果情绪高涨、心情愉悦，则往往看什么都顺眼、悦目，对自己和他人就容易做出积极肯定的认知和评价；反之，如果情绪低落、心情不佳，常常看什么都别扭。此外，师生总是对自己所喜爱的对象做出积极的评价，而对于自己不太喜欢的交往对象，做出消极的评价。情感使师生的人际认识融入了浓厚的主观色彩。

其次，情感管理左右着师生的人际行为。情感的动机——唤醒理论认为，情感属于唤醒、激活的一种持续状态，它产生动机作用并影响行为，成为行为的动力。情感过程具有四种主要作用：激活诱发行为、维持行为、调控行为和组织行为。在人际交往中，人们对自身肯定的对象往往抱有较为强烈的交往动机，在交往中也会表现得更为积极主动。而对自己否定的对象，人们往往避而远之，表现得消极被动。每当人们处于愉悦的情感状态时，在交往中可能会更有耐心倾听他人的谈话，更有心情与别人交流自己的思想和观点，更有可能在别人需要帮助时给予援助。相反，当人们处于消极的情感状态时，在交往中对他人的谈话就可能失去兴趣，给交往带来障碍，出现人际危机。

师生互动在课堂教学的过程中是最经常、最重要的人际交往。无论是知识的传授，行为的规范，还是品格的塑造都是在师生互动中发生和实现的。"所谓教育，不过是人对人的主体间灵肉交流活动（尤其是老一代对新一代），包括知识内容的传授、生命内涵的领悟、意志行为的规范，并通过文化传递功能，将文化遗产教给年轻一代，使他们自由地生成，并启迪其自由天性。"教师和学生的交流本身就是一项非常有教育意义的活动，具有对气质和个性精神的培养性。因此，从这个意义上说，师生之间的关系是教育本身表现出来的方式。此外，情感互动在师生互动过程中也起着重要作用。

4. 促进师生幸福的守护者

情感管理促进教师和学生幸福感。情感在一定程度上支配着人们的幸福体验。持续的积极情绪，例如幸福与和平，可以平衡师生的身心，并保持稳定的心态。相反，沮丧和失望等挫折感会破坏师生的集体平衡，对师生的心理产生负面影响。分散注意力和阻碍注意力的过程以及干扰记忆的过程会对思维过程产生瓦解作用，使人的思维变窄，形成狭窄的思想、脆弱的意志、以个人为中心、自我封闭、过度敏感、退缩和负面的人格特征。随着人文关怀的阳光在教育中变得越来越灿烂，越来越多的学者将目光投向了师生的幸福。幸福是一种积极的体验，是"由于感受或意识到自己预定的目标和理想的实现或接近而引起的一种内心满足"，从本质上而言，"幸福即当一系列情感呈现时所具备的一种整体、主观状态，包括充满活力、自信、开放、享受、快乐、镇静、关爱等的整合与平衡"。情感管理是课堂教学中师生幸福体验的重要保证。

第二节　生物课堂师生情感管理的策略

师生情感管理不仅可以调节现有的情感，还可以培养新的情感。核心是保持师生情感和教学情境的适当性，实现情感合理性。它不仅包括个体管理，还包括群体管理；它不仅涉及管理内容，还涉及管理方法。本节从管理内容和方法着眼于师生的情感管理，同时介绍一些生物课堂中师生情绪管理的策略。

一、师生情感的内容和方法管理

（一）师生情感的内容管理

师生情感的内容管理包含情感管理的概念、性质和强度。

1. 增强情感管理的观念

首先，引导师生树立正确的情感管理观，提高他们对自身情感的觉察能力。认识到善于管理自身情感是课堂教学顺利开展的关键所在。其次，倡导关心师生情感管理的理念，使之转化为学校管理者的自觉行为。再次，宣传情感管理既要遵循情感规则又要自我调节的思想，使教师和学生真正成为自身情感的主人。在这方面，他们至少要做到：一是，有意释放课堂教学中过度的消极情感；二是，不逃避情感责任，敢于反思并纠正失意的情感；三是，强化自我幸福感，大胆面对并抛弃烦恼。可以说，情感规则只给他们提供广袤的情感舞台，所有具体而生动的情感剧目都靠他们自己创作和表演。这需要高水平的情感管理方法，以使他们能在"适当的场合"，面对"适当的人或事"恰到好处地管理情感。因此，要鼓励师生将表达与管理情感相整合，在合理范围内管理自己富有个性的情感的同时，尊重和发展获得社会认可的情感规则。

2. 理解情感管理的性质

在不同性质的情感之间进行选择或转换，以使教师和学生的情感的性质满足特定课堂教学情况的要求。从师生的情感性质来看，教学实践大致可分为三类：一是积极型，教师和学生的关系很亲密，无论采用奖励还是惩罚手段，教师总是尽量让自己和学生都获得良好感受。这种教学的特点是师生对情感的合理管理。二是随机型。师生没有情感活动计划，无法很好地表达情感。在这种情况下，普通教师的情感管理能力较弱，经常让学生放任自流。三是消极型。教师对学生来说是严厉的、苛刻的或冷漠的，使他们感到自卑或恐惧，因此他们听话。显然，师生的情感管理是要尽量减少后两类教学实践。

3. 把握情感管理的强度

无论是积极的情感还是消极的情感，适当的管理，都可能产生课堂教学情况所需的增力或减力效果。当需要增力时，通常使用奖励法。当需要减力时，通常使用惩罚方法。但是，奖惩要适度。如果奖励过度，一些获得者不仅会感到骄傲和自满，还会导致教学活动的松懈，出现积极情感引起行为减力的现象；特定情况下的适度惩罚，不仅不会减力，反而会增力，出现"知耻而勇"的现象。因此，教师应审时度势，巧用增力与减力策略，使情感管理逐至恰到好处之境。

（二）师生情感的方法管理

当现有的情感与课堂教学状况和教学目标不一致时，必须以情感理性为目标来回应情感体验。下面介绍了一些教师和学生可以选择与应用的用于管理情感的特定方法。

1. 培养和保持合意、积极情感的方法

负责任和积极的情感有利于师生的健康发展，它们在课堂教学中发挥着重要作用。学会养成和维持积极的情感是师生情感管理的首要问题。

（1）增强自信。师生接受学校教育，合理充分的自信是保持共识感和积极情感的重要条件，同时充满自信又来自对自我的正确评价。此外，教师和学生学会适当赞美自己也有助于增强自信心并增加乐趣。

（2）追求幸福。幸福是一种主观体验，由所需的满足程度触发。所需的满意程度只是一个相对的概念，没有绝对的标准。在课堂教学中追求幸福，师生应努力做到以下三点：第一，知足常乐。人生成功的关键不是他获得多少，他拥有多少，而是他是否理解自己的真正需求以及是否珍惜自己在现实中获得的东西。第二，享受自己。对课堂教学中的各种教育活动和人员感兴趣，有一颗稚气的心，在教学中对色彩、声音、光线、美感等抱有一种欣赏和称赞的态度，投入热情，积极参与各种教育活动，享受教育生活的乐趣。第三，创造幸福。树立对生活的乐观态度，挖掘教育的积极方面，养成乐天的快乐习惯，学会幽默，面对教育上的挫折，微笑着迎接困难，从而保持并建立快乐的心态。

2. 缓和与消除失意、消极情感的方法

对失意、消极情感的管理并非强行抑制师生对这类情感的体验，而是在课堂教学情境中使自己尽量体验和表达适时、适度的情感，减少消极情感可能对自身产生的不良影响。此外，当师生在教学活动中遇到情感问题时，他们可以采取各种方式减轻挫败感、消极情绪，消除和避免情感的进一步恶化，并保证课堂教学的正常进行。

（1）压抑、悬置。当教师和学生感受到自己出现消极的、沮丧的情感，或者这些情感还处在萌芽时，可以直接压抑情感，并使其处于最初的酝酿状态。实际上，这样的方法并不简单。教师和学生必须为此付出更多的情感劳动，并不是所有的教师和学生都能做到这一点，一旦沮丧和消极

情感形成，且师生难以抑制这些情感，悬置是防止这些负面情感恶化的一种常用方法。所谓的"悬置"是指维持引发负面情感的状态，等待现有冲突结构变化或消解。在这种情况下，师生会通过参加其他活动来暂时中止现有的消极情感和失意情感，以避免"参与"他们的情感，而师生则采取中止这种方式来避免情感冲突。

（2）边缘化。师生从意识上或行动上限制消极、失意情感的影响范围，使之成为一个无伤课堂教学大局的边缘现象。结果，原本干扰教学活动的负面情感被边缘化，成为可以忽略的次要问题。在课堂教学中，与其他学生互动并完成教学任务比下课后解决的个别学生的问题更为重要。当注意力转移到这些更重要的教育人员身上时，负面和令人沮丧的情感会被教师边缘化。实际上，即使师生在课堂教学中有更多的消极情感困扰，只要他们能够以"只是给自己的教育生活增添一点色彩"并对此保持有一种平和的心态，消极情感也就微不足道了，对自己的影响力也会被减弱。

（3）宣泄恰当。从心理健康的角度来看，过度抑制自己的情感只会加剧情感问题，甚至由于情感淤塞而导致心理崩溃，不利于身心健康。适度的宣泄可以释放情感，紧张感可以得到放松、缓解。所谓宣泄适当是为了达到以一种对自己和他人都可以接受的方式进行排解的目的，而不会对他人造成损害或伤害。

（4）情感换位。情感换位是一种方法，在这种方法中，当师生产生沮丧和消极情感时，师生尝试从对方的角度思考问题，从而使过激的情感得到缓解。这样很容易发现和体验彼此的感受。在教育过程中，教师与学生经常会产生一些本来可以避免的矛盾和冲突。例如，处于青春期的中学生花费时间来打扮自己，在教师看来这是浪费时间，并且会训斥学生。学生不仅不听教师的教导，甚至可能与教师发生冲突。如果教师能够根据学生的感受来思考这个问题并将心比心，就会发现教师那个年龄段也一样。在这样的特定年龄段，自然要注意自己的形象。这是年轻人成长的必经之路。在不影响学生学业和健康发展的前提下，有时不需要教师的担心和忧虑。

（5）身心放松。身心放松是利用身体和心理相互影响而达到生理和心理同时放松的效果。这种方法的目的是帮助教师放松情绪，使他们的情感处于平静、舒适的状态，这有助于进一步认识他们的情感状态以及如何表达自己的情感。该方法大致可分为以下三类：第一，从身体到心理的放松。首先以身体部位的放松为运动目标。具体方法是调节呼吸并放松肌肉以实现心理放松。第二，从心理放松到身体放松。当师生精神处于紧张状态时，会触发相应的生理反应；相反，如果他们的精神处于放松状态，身体也会松弛。这种方法是集中精力思考某个想法或一个美丽的场景，以实现心理上的放松，并使身体产生放松的效果。第三，放松身心的方法。利用教师和学生的思想和力量，做出松弛反应，例如"意念调节体温法"，练习时以生理状态为目标，但这是通过心理意念实现的。

二、生物课堂中师生情感管理的策略

要在生物课堂教学中渗透情感教育，首先就要求在教学活动中调控师生的情感，教师和学生都处于良好的情感状态，并激发必要的情感体验。它包括对学生情感的积极引导和调节，教师对自身情感的有效自激和自控。教师要能够认识自己和学生的情感，在一定的教学目标指引下，通过管理调节自己和学生的情感，引导和发挥课堂中学生的主要情感对教学活动的积极作用，为学生的学习提供最佳的情感状态，从而调动学生学习的积极性，使教学得到良好的效果。

1. 营造生物课的气氛，激发学生兴趣

在上生物课前，首先要让学生产生向往上课的情感，并且在学习课本知识前就体验到生物课的新鲜、独特，做好上课的心理准备、情感准备。为达到该目的，教师应该在充分了解学生学习基础的情况，针对不同基础水平的学生采取不同的方法，比如在一些基础较好的班级，采用"课前三分钟生物知识大放送"活动。要求学生课前做好准备，每节课按学号依次轮流由 1—2 名学生给大家讲。让学生们在课前就兴奋起来，形成愉快的学习氛围。对一些基础较差的班级，教师可以准备一些生动有趣的生物小故事，或放一段生物录像，让全班同学在课前就将注意力集中起来，并产生良好的愉悦放松的情感。

2. 创设情景引发学生学习兴趣

生物学是一门与日常生活息息相关的学科，创设情景教学能很好地激发学生学习生物的兴趣，进而迸发出求知热情。例如在初中生物"种子的萌发"一课，引言用了三个提问：（1）将大米粒播进田里，能不能长出秧苗？（2）种下炒豌豆，能不能发芽？（3）葡萄粒吞进肚子里，会不会在身上长出葡萄藤？学生一听便兴趣盎然地思考。在这种良好的心境下教师很容易导入学习内容。又如在高中"生态系统中能量和物质的利用"一课，教师可通过讨论"为什么一山不能容二虎？"引导学生兴致勃勃地进入新课。

3. 引入竞争，满足学生好胜心

学生对一些复杂结构的学习，感觉很单调、易厌倦，且很不容易完成记忆。在此类内容的教学中，教师利用学生的好胜心理，引入竞争，使其变被动为主动，兴趣盎然地去学习和记忆。比如，对一些生理活动过程，如体循环路线，可以将写有循环途径中各结构的小纸片打乱，分发给小组成员。由一位同学计时，让学生从循环起点依次报出血液经过的各结构名称。所用时间最短的组获胜。

4. 角色换位制造成就感

现在的中学生自我意识很强，不容易长时间被动接受课本上的间接经验。因此，在教学活动中，教师应尽量给他们制造与"科学家英雄所见略同"的惊喜。一方面对自己思维得出的结论，往往比单纯无条件接受书本上结论，记忆印象要深得多；另一方面，更重要的是，通过给他们制造成就感,坚定学好生物的信心,维持对生物研究方法的兴趣。例如:对于"光合作用""呼吸作用"等概念,均让学生以科学家身份通过实验现象归纳,总结得出。然后与书上已有要领相比较。只要关键词、结论正确,均予高度评价。

随着课堂教学改革的不断深入,师生情感管理策略的发展日新月异。师生情感与教学效果的关系不是机械一致的,由于情境需要,合适的师生情感可以发挥增力或减力作用。因此,师生需要合理地管理自己的情感,不仅要调整自己现有的情感,而且要养成新的情感,在内容和方法上做文章。

思考题:

1. 师生情感管理对教师职业发展有哪些意义?
2. 教师如何做好师生情感管理?

第八章 生物课堂学习评价和教学反馈管理

第一节 学习评价概述

一、学习评价的概念

学习评价是在一定的教育价值观指导下,以学科教学目标为依据,运用有效合理的评价手段,对学生总体学习进展与行为变化进行测定、分析、比较,并给予价值判断的过程。《基础教育课程改革纲要(试行)》指出:"建立促进学生全面发展的评价体系。评价不仅要关注学生的学业成绩,而且要发现和发展学生多方面的潜能,了解学生发展中的需求,帮助学生认识自我,建立自信。发挥评价的教育功能,促进学生在原有水平上的发展。"由此可见,突出评价的合理性、发展性功能是新课程学习评价的核心理念。

目前教师或学校对学生的评价主要考核学生学习成绩,这使得评价在理念、方法、标准、内容等诸多方面存在问题:(1)评价主要以考试数据结果为标准,忽视了学生在各不同时期不同阶段的进步状况和努力程度,没有充分发挥以评价来促进学生发展进步的作用;(2)评估的内容更多地侧重书本知识的掌握程度和水平,从而忽略了学生个体的学习能力、创新精神、心理素质和情感态度等综合素质;(3)评价重点是整体趋势,忽略了个体差异和个体发展的价值;(4)评估方法在很大程度上取决于加权结果,学生主要处于消极评价低位。这些现状阻碍了素质教育的落实与生物学新课程的推进。新课程理念下的学习评价是为学生的全面发展服务的,学习评价应侧重于如何促进学生的健康成长与自我完善,充分发挥其"促进学生产生积极的心理反应进而改进学习行为"的功能。为此,教师掌握新课程理念下的学习评价技能是非常重要的。

二、学习评价的功能

1. 了解学生起点，把握教学起点

为了更好地达到教学目标，在教学之前，教师可以运用成绩测验分析学生的学习起点或已具备的背景知识，从而决定从什么角度、以什么方式着手对学生进行教学活动。进行教学前的评价，使教师能够充分了解学生的学习基本情况，有助于教师制备相对完善的教学活动。完成教学活动之后再次评价，教师可以根据评价结果，了解学生对本单元的学习掌握情况以及是否具备学习下一个新单元的起点状况，为改善教学方案提供信息基础。

2. 规划教学活动，调整教学进度

在了解了学生学习起点，制备了相应的教学方案后，教师选择适当的教材和相应的教法开始进行教学。开展教学活动一段时间后，教师可以通过学习评价的反馈信息，检测自身预期的教学目标是否达到、教学方法或教学策略是否有缺陷等，从而进一步分析并改进教学过程中的每项活动，包括教学目标、教学方法、教学材料、教材组织等。教师也可以利用学习评价的反馈信息，随时调整教学进度，以决定是否必须实施复习、重新教学、更换教材、改变作业量、调整教材教法或修改教学目标等措施，使教学活动更加切合学生学习情况。

3. 诊断学习困难，激发学习动机

学习评价所提供的反馈信息，可以帮助教师分析学生的学习类型，掌握学生在学习过程中遇到的困难，进而因材施教，采取更为合适的教学方式方法和补救措施。教师和学生通过对学习评价信息的分析与讨论，明确学生掌握薄弱的地方，以便教师决定采取合适的补救措施；学生也可以借

此进行自我评价，了解自身学习状况，及时调整学习方法或状态，激发学习动力。

4．评定学习成就，报告学业成绩

除了使用学习评估的结果来了解学生的学习行为、诊断学习困难和及时调整教学方法外，教师还可以对学生的学习成绩进行评分，将代表学习结果的成绩单发送给家长和学生，将其用作学校奖励或罚款的依据之一。除此之外，所评定的学习成就或学业成绩也可以提供给教育学者作为研究资料。

三、学习评价的原则及评价的内容

1．学习评价的原则

评价应遵循立德树人的指导思想，重视学生爱国主义情操和社会责任感的形成；评价应关注学生对生物学大概念的理解和融会贯通；评价应指向学生生物学学科核心素养的发展；评价应体现导向性和激励性；评价方式应具有多样性。使评价既促进学生核心素养水平的提升，又推动教师教学水平的提高，实现评价者和被评价者共同发展的目的。

2．评价的内容

评价的内容应以课程目标、课程内容和学业质量标准为依据，结合具体的教学内容，以生物学大概念、重要概念等主干知识为依托，检测学生生物学学科核心素养的发展水平。评价主要包括以下内容：

（1）学生的生命观念。学生是否逐步形成了认识生命的基本观念，如生物体的结构与功能相适应、生物始终处于发展变化之中、生物对环境具有适应性等。学生能否运用这些生命观念，探索生命活动规律，解决实际问题。

（2）学生科学思维的发展。学生是否逐步养成科学思维习惯，运用归纳与概括、演绎与推理、模型与建模、批判性思维、创造性思维等方法，具备探讨、阐释生命现象及规律的能力。

（3）学生科学探究的能力。学生是否具备了观察能力、发现问题的能力、设计和实施探究方案以及探究结果的分析、交流等能力。

（4）学生的社会责任意识。学生是否具有关注社会重要议题的意识和社会责任感，以及开展生物学实践活动的意愿和能力等。

四、学习评价的类型及方式

评价应依据评价内容和对象的不同，采用多元评价方式。评价方式的选择，应该考虑评价目标、评价内容、评价对象和评价现场等实际情况，可采用学生自评和互评、小组评和教师评相结合的形式。

评价方法应该多样。例如：学生成长记录，记录学生成长过程中的点点滴滴，将实验报告、实验设计、小论文、作业等收入记录袋中，作为衡量学习态度和能力的依据之一；课堂行为观察，关注学生在课堂上师生互动、自主学习、同伴合作中的行为表现、参与热情、情感体验和探究、思考的过程等；作业练习测验；实践与应用检测，根据学生实际情况，利用课余时间，以小组为单位，自拟研究题目，进行实践活动；阶段性纸笔检测，如单元和学期考试等。

1. 以实施评价时所使用的工具和形式分类

（1）纸笔测验：是一种书面考试工具，重点在于根据生物学学科知识或认知能力的发展来评估学生的学习成就水平。这种评估方法包括传统的考试、教师自编成就测试、标准化成绩测验。这种类型评估的一个共同特征是，将学生必须回答的问题呈现于测试卷上，并要求学生使用各种书写工具在测试卷上填写适当的答案。

（2）实作评价：是指使用多种工具或形式，评定学生在实际情景下应用知识的能力，以及在情感态度、动作技能领域学习成就的一种评价方式。这类评价工具或形式包括观察与记录、作品、评定量表、分类清单、档案袋、社交测量或投射测验等。这类评价方式，需要实际观察和记录学生在真实或仿真的施测情境中的实际表现，或根据学生实际表现行为的过程或最后的成果作品来进行评定。

2. 以评价在学习活动中的作用分类

（1）诊断性评价：是指为了使教学活动适合学习者的需要，而在一个学习单元开始之前，对学习者是否具有认知、情感和技能方面的条件进行评估。

（2）形成性评价：是指在教学和学习的过程中使用的系统性评价，以便于对这两个过程加以改进。

（3）终结性评价：是指教学结束之后检查整体教学活动效果的全面评价。终结性评价旨在评价学生是否已经达到教学目标要求的概括性水平较高的测试和成绩评定。

3. 以评价的参照标准分类

（1）相对性评价：是指一个学生的学习成果在所占集体中所处的相对位置，体现了以学习者所属的集体内的位置为中心的评价方法。这是学生与学生之间的比较，与教学目标没有直接的关系。

（2）绝对性评价：是以教学目标为基准，对学生学习成果达成的实际状况进行的评价，即学生学会了哪些知识，还有哪些知识不会，学校内的教学评价多属于此类，评价等级可分为优、良、中等。

（3）个人内评价：是以每个学生为基准，全面地、持续地关注每个学生的发展为目标的评价，即对学生进行的不同时间段的评价。个人内评价应重点关注每个学生在课程各个领域的发展，尤其是要积极地和正面地评价每个学生的优势与进步。当然，个人评估应基于客观和共同目标，并寻求个人内评价和绝对性评价内在的有机结合。

4. 以评价的主体分类

（1）自我评价：是指学生参照评价指标体系对自己的活动状况或发展状况进行自我鉴定。自我评价是学生自我认识、自我分析、自我提高的过程。

（2）他人评价：是指由其他有关方面的人员对学生所实施的评价。对于学生评价来说，外来评价的主体主要是指教师、家长、同学和社会。

5. 以评价的手段分类

（1）定量评价：是指将那些能直接量化的，并且确定存在量化途径的评价指标进行量化的评价方式。如学生考试成绩、平均分、及格率、优秀率等就是用数理统计的方法，最终以数字的形式展现出来。

（2）定性评价：是指将不能直接进行量化的一类评价指标用文字或语言进行描述性评价的方式。如能力、情感、态度、价值观等非智力因素的评价。

五、教师自编成就检验：命题

（一）命题原则

总的原则：命题应以课程标准中的内容要求、学业质量标准为依据，指向生物学学科核心素养的发展水平。试题素材应贴近学生生活实际，以真实问题情境组织命题，应注重考查学生综合运用所学的知识和技能解决问题的能力。试题的表述和指向要明确、清晰、直接，确保题目的公平性、科学性和规范性，要能够区分出不同素养水平的学生。

1. 重视生物学基础知识和技能的考查

生物学知识和技能是提高学生生物科学素养的基石，没有知识和技能，其他方面的培养就成为无源之水。生物学新课程在知识方面的总目标包括两个层次的要求：一方面是对生物学基础知识的理解，另一方面是这些知识在现实生活中的应用。因此，命题要突出对知识和技能的理解与应用，而不是纯粹的记忆和背诵。这就要求试题从引导学生灵活地理解和运用知识，培养学生知识的迁移能力，为学生以后的发展打好基础。

【案例】

在光线明亮的实验室里，观察透明的口腔上皮细胞后再观察颜色较深的黑藻叶片细胞，为便于观察，此时应（　　　）。

A. 改用凹面反光镜、放大光圈

B. 改用凹面反光镜、缩小光圈

C. 改用平面反光镜、放大光圈

D. 改用平面反光镜、缩小光圈

案例没有简单考查显微镜各部分的结构和功能，而是给出一个具体的问题情境，要求学生首先分析所给的问题情境，然后结合有关显微镜的知识让学生解决在不同情境下的问题。题目不仅考查了学生对基本实验知识的掌握情况，同时也考查了学生分析和解决问题的能力。

2. 突出科学探究过程的考查

生物科学不仅是众多事实和理论，更是一个不断探究的过程。科学探究能力不仅是生物科学素养的一个重要方面，更是获得生物科学素养的重要途径。对于科学探究过程的考查主要是衡量学生在探究过程中的科学探究能力，科学探究能力通常包括提出问题、做出假设、制订计划、实施计划、得出结论、表达和交流的能力。

笔试既可以考查学生完整的探究活动，还可以运用多种题型有针对性地对探究活动的各个过程进行考查。

【案例】

鱼在水中游动，有许多器官的结构和生理功能与之相适应。其中鱼鳍的作用是举足轻重的，但鱼的各种鳍究竟有什么作用？也许通过你的推测和经验知道一些，但你完全相信吗？不如我们自己设计一个实验，有机会不妨亲手试一试。

（1）提出问题：你准备研究的问题是_____

（2）做出假设：针对上述提出的问题，根据你已有的经验做出假设。_____

（3）设计实验：以下有3个实验

方案1：直接观察、每次只观察一种鳍的动作。

方案2：剪掉拟研究的鳍，观察鱼有什么失常表现，最能说明问题。

方案3：用细线或细木条局部捆扎鱼鳍，再进行观察。

①你会选择哪种实施方案？分别说明选择或不选择的理由。_____

②若上述三种方案你均不同意，你的方案是_____

（4）你的实验结论是_____

【案例】

很多人都有这样的生活感受：夏天，做熟的食品很快就会腐败变质，俗称"变馊了"。这是什么原因呢？原来，做熟的食品里生出了无数细菌。食品中的这些细菌是从哪里来的呢？是由食品自然产生，还是来自空气？对此，法国微生物学家巴斯德进行了认真的研究。

巴斯德把新鲜、清澈的肉汤分别装入甲、乙两个玻璃瓶里，然后把甲瓶的瓶颈烧软，并拉成鹅颈似的弯曲细长的形状，把乙瓶的瓶口敞开。随后他再次煮沸瓶内的肉汤。

观察发现，乙瓶内的肉汤很快就腐败变质了；而甲瓶，尽管肉汤通过弯曲细长的瓶颈与外界相通，但4年后，瓶内的肉汤仍然新鲜如初。后来他又反复做了几次类似的实验，都得到了相同的实验结果。

怎样解释这一实验结果呢？巴斯德认为，纯净的肉汤是永远不会自然生出细菌的，使肉汤腐败变质的细菌来自空气。

分析材料中所述实验，回答相关问题。

（1）研究生物学最基本的方法有观察法和实验法，材料中运用的是_____法。其基本过程可以概括为以下几个基本环节：观察现象、提出问题→做出假设→设计实验、完成实验→检验假设、得出结论。

（2）观察到的现象是_____
（3）提出的问题是_____
（4）实验设计了对照实验吗？_____
（5）装入甲、乙两瓶的肉汤为何要再次煮沸？_____
（6）实验研究的单一因素是_____
（7）得出的科学结论是_____

案例通过创设问题情境，主要考查科学探究能力中的科学设计实验方案的能力，如"选出控制变量""设计对照实验"以及"评价数据的可靠性"等环节，要求学生在新的问题情境中运用所学原理去分析、评价和改进实验设计。

3. 加强情感态度价值观的考查

情感态度价值观在提高学生的生物科学素养方面有着重要的作用。命题应密切关注学生情感态度价值观方面的进步，以及良好行为习惯的养成。热爱自然、珍惜生命，积极健康的生活态度与良好的生活卫生习惯，生态平衡和可持续发展的观点，实事求是的科学态度，科学的局限性与科学本质等都是笔试命题考查的内容。

【案例】

人们一般把废弃的包装塑料称为"白色垃圾"，由此造成的污染称为"白色污染"。为了减少这种污染，改善我们的生活环境，你在日常生活中能为之做些什么？

案例对学生的保护环境意识和行动进行了考查，鼓励学生从生活中的小事做起，以实际行动爱护环境，保护自己的家园。这种试题属于开放性试题，没有标准答案，让学生自由发挥，多方面、多角度地考查了学生的情感态度价值观。值得注意的是，进行情感态度价值观方面的考查，要与科学知识和技能、科学探究过程等的考查有机结合在一起进行，避免标签化和形式化。

4．体现对科学、技术与社会的相互关系考查

了解科学、技术与社会的相互关系，关注和参与生物科学技术有关的社会问题的讨论和决策，是生物科学素养的重要组成部分。笔试命题应注意从实际生活出发选取素材，创设问题情境和寻找范例，考查学生在情境中提取信息、分析和处理问题的能力，以及对有关科学、技术与社会问题的关注程度、参与决策意识以及对科学、技术与社会关系的认识。

【案例】

表1是医生对甲、乙、丙三名成年男子的尿检和血检的结果（单位：mg/ml）

分析回答下列问题：

表1

	项目	甲	乙	丙
尿检	葡萄糖	1.8	0.1	0.1
	蛋白质	微量	1	微量
	红细胞	0	较多	0
血检	血红蛋白	14	14	8

（1）甲患的疾病在医学上一般治疗的办法是（　　）。

（2）乙的尿液中葡萄糖含量相对稳定，说明没有发生病变。而出现了较多的红细胞，则说明发生病变的部位是在（　　）。

（3）丙想去西藏的布达拉宫旅游，根据他的检查结果你赞成吗？请说明理由。

（4）根据丙的检查结果，应让他多吃些富含（　　）的食物。

【案例】

以下是有关生物变异来源的概念图，请据图回答：

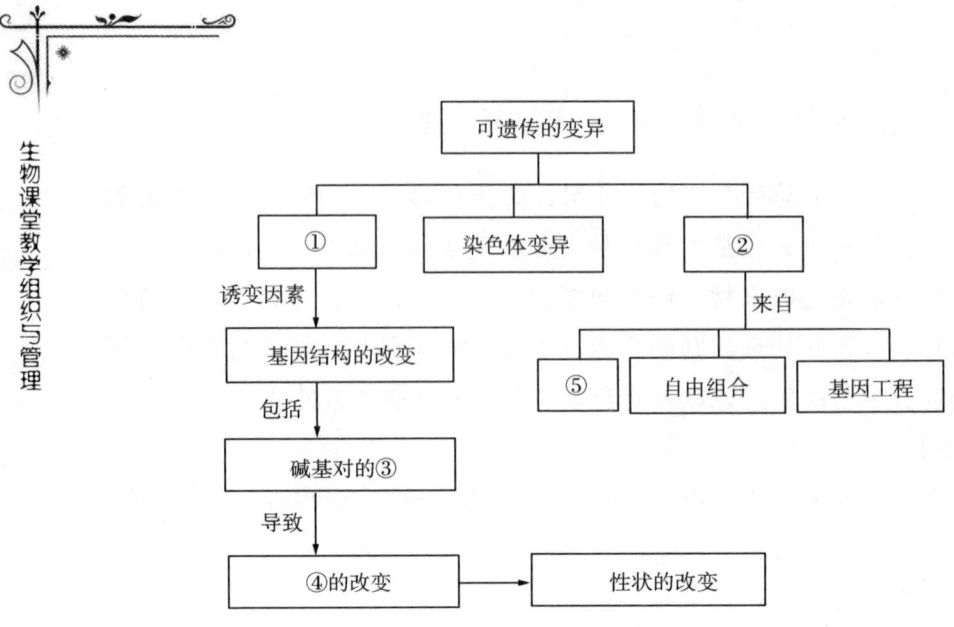

图1

(1)将①的原理应用在育种中，常利用物理因素如_____或化学因素如_____来处理生物（各举一例）。

(2)番茄体内的蛋白酶抑制剂对害虫的消化酶有抑制作用，导致害虫无法消化食物而被杀死，人们成功地将番茄的蛋白酶抑制剂基因导入玉米体内，玉米获得了与番茄相似的抗虫性状，玉米新品种的这种变异的来源是图中_____。

案例不仅考查了学生解读和分析数据的科学探究能力，而且考查了学生运用所学知识和方法解决生活中实际问题的能力，体现对科学、技术与社会的相互关系考查

（二）题型

1．填空题

填空题是用文字或符号去填题中的空白，使原来不完整的句子变成完整的句子。在生物学考试中常用来考查学生对基本概念、术语、形态结构及生理知识的理解和记忆。一方面用来考查记忆能力，同时在编制时可以

加入考查理解和分析能力的因素。其编制原则如下：

（1）题意要明确，限定要严密

填空题属于封闭型的一种题型，题干的逻辑性要求很高，从而使学生按照形式逻辑的思维去推理、判断。

例：杀虫剂的使用对害虫起了（　　）作用，而这种作用是（　　）的。

该题的第一个空，由于被"作用"限定了，题意是明确的。而第二个空则缺少限定，学生不知该填什么。

（2）所填内容应是专业术语

例：进化论者认为，地球上现存的各种生物均由（　　）演变而来，因此它们之间有着（　　）的亲缘关系。

第二个空，要求填"或远或近"，这是一个形容词，而非生物学专业术语，故没有考查到知识点上。同时，与这个词相近的形容词还有一些，因此答案也不唯一。

（3）题干不要支离破碎

填空题的空一般不要超过三个，所要填的空尽量放在题目的后面，不要一开始就是一个空白，后面才是文字。

例：昆虫的脑激素由（　　）所分泌，它作用于（　　），使（　　）释放（　　），以控制昆虫的（　　）。

此题由于要求填的空太多，题干被弄得支离破碎，非常不利于学生理解题意。

（4）应以考查理解、分析和综合能力为主

例：有一种斑蝶，体硬而味臭，鸟类不食；另一种蛱蝶，体软而无臭，但因其酷似前者而免遭鸟类捕食。此种现象称为（　　）。

本题巧妙地将具恶臭的斑蝶与不具臭味的蛱蝶一起比较，利用了非本质相似性的迷惑技巧，非常好地考查了学生对"拟态"概念理解的牢固程度。

2. 选择题

选择题由一个"题干"和若干个"选项"共同组成。题干有不完全陈述句和直接疑问句两种形式，选项则由一至多个正确答案和若干个干扰答案共同组成。在生物学教学中可考查学生掌握基本知识技能的准确性和熟练程度，以及运用知识解决问题的能力。其编制原则如下：

（1）尽可能将各选项共同的词句放到题干中

例：如果人体内胆汁分泌不足，将会（　　　）。

A．影响对豆腐的消化　　　　　　B．影响对米饭的消化

C．影响对肥肉的消化　　　　　　D．影响对瘦肉的消化

此题各选项中都有共同的句式"影响对……的消化"，可将其放到题干中，改为"如果人体内胆汁分泌不足，将会影响对（　　　）的消化"，这样可使题目简单明了，同时减少学生阅读选项的时间。

（2）应使各选项的语法结构与题干相一致

例：对于在40%的蔗糖溶液中已发生质壁分离的细胞，严格地说其细胞之间充满了（　　　）。

A．40%的蔗糖溶液　　　　　　B．浓度高于40%的蔗糖溶液

C．溶液的浓度高于细胞液　　　　D．溶液的浓度低于细胞液

该题目的选项 C 和 D 在语法结构上与题干不一致，故分别修改为：C．高于细胞液浓度的溶液；D．低于细胞液浓度的溶液。

（3）一般不使用否定式，若使用应加明确标志

例：下列何者<u>不属于</u>哺乳动物？（　　　）

A．鲸　　　　　B．扬子鳄　　　　　C．猴　　　　　D．熊猫

对于此类的题，应对否定词做特殊标记，如下划线，以提醒学生注意。否则学生因疏忽否定字眼而答错题，并不是评价成就的本意。

（4）非正确选项都应具有一定的迷惑性

例：播种前浸种时间太长，就会引起烂种和烂芽，主要原因是（　　　）。

A．乳酸中毒　　　B．二氧化碳中毒　C．酒精中毒　　　D．能量不足

该题目的选项 D 与前三项性质明显不同，实测的结果发现选项 D 的迷惑诱答效果接近于零。若将选项 D 改为"丙酮酸中毒"，则其迷惑诱答的有效性明显提高。

（5）不宜用于测量复杂的推理和计算

例：由含 300 个磷酸的基因控制合成的蛋白质，在蛋白质的形成过程中最多可失去（　　）个水分子。

A．100　　　　B．99　　　　　C．50　　　　　D．49

这是一道综合性很强的题目，涉及由基因到 RNA 再到蛋白质的过程、蛋白质合成中氨基酸的缩合反应等较多知识点，仅仅用一道选择题难以测出学生的真实水平。

3．判断题和改错题

判断题旨在评价学生鉴别正确叙述、事实、概念或名词意义等的能力。改错题是在判断对错的基础上，把错的地方改正过来。其编制原则如下：

（1）句子简明，题意明确

例：①细胞壁的成分是纤维素。（　　）

②维管束植物的细胞壁，主要由纤维束构成。（　　）

后者就题意来看，要比前者明确，也不会引起争议，因为有些真菌的细胞壁并非由纤维素构成。

（2）避免零碎、不重要或纯记忆性的命题

例：克里克（Crick）和沃森（Watson）在 1963 年发现 DNA 的结构。（　　）

（3）答案为是与非的命题应约各占一半，随机排列

4．问答题

问答题是学生对问题进行分析思考后，用文字来回答的检测方法。此

种类型的题既考查学生的专业知识，又考查学生对所学知识进行逻辑推理、综合评价以及文字表达能力，是体现一定难度的题目。其编制原则如下：

（1）主要用于测量复杂的和高层次的学习结果

问答题尤其适合于测量综合评价层次的认知目标，如用来测量记忆、理解等低层次的认知目标则意义不大。

（2）应明确而系统地陈述问题，让学生清楚了解答题要求

例：①植物细胞是如何吸水的？

②试列举植物细胞吸收水分的三种方式。

显然，前者太笼统，答案范围也未明确界定，学生有可能会误解，很难统一标准，因而增加阅卷难度。后者则明确指出命题者的意图，学生有一定的方向可循。

（3）化繁为简，便于评分

可以将大的问题分解成若干小的问题，便于学生答题和教师评分，应根据主观性试题的特点编制详细的评分标准（答题要点和评分方法），努力提高评分的客观性。

5．名词解释

名词解释主要考核学生对概念的内涵和外延掌握情况，及确切加以表达的能力。命题时应选择较重要的概念，如中心法则、减数分裂、激素等。

6．实验题

实验题主要考查学生实验操作技能和观察力等多种能力，着重考查学生操作的关键环节，学生对实验现象的观察和分析能力。考试方法可以口试、笔试、操作等。

第二节 课堂教学反馈

课堂教学是一个动态的复杂的信息传递系统，而课堂教学的成功在于教师对课堂教学中各种信息的有效利用，从而调控教学过程，完成教学任务，实现教学目标。课堂教学反馈是沟通教师与学生，连接教学目标、教学过程与教学效果，确保教师的教与学生的学的双边活动协调一致，实现课堂教学沿着预期教学目标运行，实现有效教学的重要教学策略。要充分发挥教学反馈的作用，实现对课堂教学的有效管理和控制。

一、反馈的含义

反馈，又称回馈，从英文"Feedback"意译过来，意思是"反哺、返送""回赠"等。"馈"是个古字，具有赠送的意思，因此，从字面意义来看，反馈即是泛指发出的事物返回发出的起始点并产生影响。控制论认为，通过反馈实现有目的的活动就是控制。控制论研究表明，任何系统都处于不稳定的状态中，其发展运行具有不确定性，要使系统稳定或者发展达到预定目标，就必须对该系统进行控制，而控制是否有效，关键在于是否有灵敏、准确和有力的反馈，因此，为了实现控制系统的稳定，需要了解系统运行的信息，即把系统运行中的输出信息反馈回来并且进行处理，从而再次作用于系统的输入和再输出，促使系统保持稳定或者按照预期的路径运行。反馈控制原理发生作用必须遵循以下三点：第一，反馈存在于特定系统之中，不能脱离系统笼统地谈反馈；第二，反馈是一种特殊信息，它的流向与系统主信息的流向相反，即由输出回到输入；第三，反馈的作用是对整个系统产生影响，其目标是使系统得到优化。

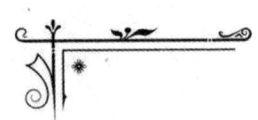

二、课堂教学反馈内涵

20世纪中期，随着系统论、信息论和控制论的相继问世，"三论"科学对教育学产生了显著的影响，国内外许多研究者和实践者开始应用"三论"的观点和方法指导教育研究和实践，其中一个突出表现就是反馈控制原理的引进与应用，在系统论、信息论和控制论的指导下，研究者把课堂教学看作是一个由教师、学生、教学内容、教学环境等要素构成的系统，教学过程是通过教师与学生对教学信息的相互传递与反馈实现，而反馈则是实现对教学过程调节控制的重要途径。课堂教学反馈主要表现为：一方面，在课堂教学中，教师需要通过教学反馈及时了解自己的教学情况以及学生的学情，把知识信息的输出转变为输入，并据此调整教学内容和教学手段，以保持课堂教学稳定，确保教学目标的实现；另一方面，学生也将通过教师的反馈信息了解自己的学习情况，并对自己的学习活动进行自我调整。可以说，在整个课堂教学系统中，教学反馈是影响教学系统运行的重要因素，它活跃于教学主体信息交流之间，存在于教学过程各个环节上，是优化课堂教学，实现教学相长的重要手段和策略。

在教学领域，学者从不同的角度对教学反馈进行了界定。第一，认为教学反馈是构成教学系统的一个重要的要素，例如李秉德认为"教学活动的反馈是师生双方主要围绕着课程和方法而表现出来的，除了包括测验与考试等的教学评价外，教师对学生课堂上表现的观察，也是捕捉反馈信息的一条重要的渠道"。第二，将教学反馈看作是一种教学方法，例如刘显国认为反馈教学法是"运用系统论、信息论、控制论'三论'原理建立的教法，是师生双方在融洽、合作的气氛中，由教师引导（控制）学生进行系统的、创造性的学习，以应用知识和发展能力为目标，突出教与学之间信息交流和信息反馈的及时性，提高课堂教学质量的一种新颖的、科学的、集各种教学法的优点于一体的综合教学法"，其特点是把学习结果反馈给教师和学生，从而调整教与学。第三，将教学反馈看作是一种单向的信息传递，这一观点根据其信息指向主体的不同又可以分为两种。首先，认为教学反馈是指向教师的，是"学生对教师所教授的内容、所用的教学方法、教学态度及教学效果等方面的客观反映，是对教师教学过程的一种评价"。其次，认为教学反馈应该指向学生。能反映学生的实际表现与各目标或标准之间的差距，最终引导各要素努力缩小这一差距。第四，把教学反馈作为问题解决过程。例如有人认为："一个完整的反馈过程必须包含三个要素，即预测目标、反馈信息、调节矫正。"所以反馈在本质上应是解决问题，也就是说在教学反馈过程中，既要让反馈对象知道对在什么地方，错在什么地方，又要提供相应的措施帮助他们改进教与学，提高教学质量。第五，将教学反馈看作是一种双向的信息交流，认为教学反馈亦称教学信息反馈，实质上是教师和学生双向互动的信息交换的动态过程。例如，教师和学生在教学过程中输出的信息，经过对方处理后产生的效果再输送回来，并对教学信息的再发出发生影响的过程。

  以上有关教学反馈的定义都是在反馈原理的指导下，从不同方面对课堂教学反馈的一种思考，教学反馈的主体是教师和学生，教学反馈呈现的是即时的课堂教学现状，以及学生学习情况的信息，教学反馈的最终目标是优化调节教与学行为，从而实现教学目标。

  当前，在课程改革理念的指导下，课堂教学反馈有了更深层次的内涵和要求。首先，课堂教学必须突破教师输出信息、学生输入信息的单向信息传递局面，强调师生多向的动态信息传递与相互反馈，这就要求教师重视教学反馈，把教学反馈贯穿于教学过程的各个环节，为真正实现教师和学生有效互动提供保障。其次，课堂教学必须打破其教学的封闭性，强调其开放性与生成性，鼓励学生大胆表达自己的思想、情感和经验，从而实现课堂信息资源的不断增长，要求教师广泛吸纳和灵活运用教学过程中各种有价值的反馈信息，使其成为生成性教学资源，从而实现课堂教学的生成。因此，在课程改革理念的指导下，课堂教学反馈是教师在课堂教学过程中，对各种教学要素相互作用而生成的信息资源进行及时捕捉，有效分析和利用，并且通过反馈优化教与学的行为，实现对课堂教学的动态调控，完成教学目标，实现教学相长的一种有效教学策略。

三、生物课堂教学反馈基本策略

课堂教学反馈是一种教学策略，更能体现教学的艺术性。它是实现有效教学的重要一环，也是体现教师教学能力和教学机智的重要方面。随着基础教育课程改革的深入，以学生发展为本的教育理念逐渐被广大教师所接受，并且在课堂教学实践中得到贯彻落实。现今的课堂中，教师从头讲到尾的教学局面已经得到了极大的改善，师生的对话交流增多，学生的自主学习、小组讨论、合作学习等活动也越来越多，在这种背景下，敏锐地观察学生，多渠道地收集学生的学习信息，及时把握处理这些信息，向学生提供有针对性的反馈，并在此基础上实现对整个课堂的优化调控成为影响教师有效教学的关键。

因此，为了贯彻基础教育课程改革的理念，实现课堂教学的有效优化，教师必须转变观念，重视和强化课堂教学反馈功能，优化课堂教学反馈行为，提高课堂教学反馈的实际效果。这就要求教师始终要有较强的反馈意识，时刻保持获取教学反馈信息的热情，从而在行动上积极创设良好的课堂教学氛围，采用多种形式诱导学生做出及时反馈，并及时对学生的反馈信息进行捕捉、分析和利用，逐步提高自己进行教学反馈的能力，优化教学反馈行为，从而把教与学有机统一在一个最佳的程序中，提高课堂教学效果。

（一）树立"生本"意识，确保信息反馈通道的有效畅通

从本质上说，课堂教学反馈是发生在教学主体之间的信息的"输出—反馈—再输出—再反馈"循环往复螺旋上升的过程。其中教学主体之间的交往强度决定着课堂教学反馈的效果，也影响着整个课堂教学的水平和质量。因此，要实现教师与学生的信息传递与反馈的动态平衡，使教与学同

步，必须加强教师和学生的交流，保持信息反馈通道的有效畅通。而在现实课堂教学过程中，要提高教学主体之间的交往强度，实现教学反馈通道的畅通，需要教师在课堂教学中能够营造民主自由、和谐融洽的课堂氛围，确保学生参与课堂反馈的积极性，能够切实把学生当作课堂教学的主体，对学生的反馈信息进行有效的回应，促使学生能够把真实的信息源源不断地反馈给教师。

1. 营造良好的课堂氛围，确保学生参与课堂反馈的积极性

为学生创造和谐、融洽、愉悦的课堂教学氛围，让学生"敢"于反馈，是确保教学反馈信息通道有效畅通的前提。只有和谐、愉悦的课堂氛围才能让学生充分发挥主体作用，主动产生与教师以及同伴互动的欲望。在课堂学习中，有些学生由于恐惧、害羞紧张等，常常不敢自由地表达自己的想法，使教师难以及时获得学生的反馈信息，教学反馈通道受阻。如何帮助学生克服不敢反馈的心理障碍呢？这就需要教师树立生本意识，把师生关系放在平等的位置上，创设良好的课堂教学氛围，降低学生在课堂上的紧张感和焦虑感，消除影响学生反馈的心理障碍，使学生的思维更愿意随着教师的讲解而运转，并且在学习过程中自然流露出真实的情感和自己的学习情况。在这种氛围下，教师与学生之间能够形成高效的沟通和交流，教师尊重学生的思想、情感和行为，学生能够把自己真实的思想和情感反馈给教师。例如，在教"酶的作用条件较温和"内容时问学生："感冒发烧时，你为什么不想吃饭呢？"假设学生回答："温度可以影响酶的活性。"然后教师追问："你能设计实验验证你的假设吗？"分小组进行讨论，在讨论的过程中可能有学生谈论与"酶的作用条件"无关的话题，教师可以用"这个问题你们讨论出结果了吗"代替"你上课不应该捣乱"，以此来提醒学生。同时进一步设置问题，如"实验分几组？选哪几个温度？""我能说37℃就是唾液淀粉酶的最适温度吗？"等，用问题引导学生思考。

良好的课堂氛围需要教师和学生共同建构。首先，教师要与学生建立

良好的师生关系，能够花时间和精力去与学生交流，这不但可以拉近教师与学生之间心理上和行动上的距离，使学生能够在教师面前真实地表达心声，而且有助于教师全面了解学生的个性特点、学习特点和心理特征等，从而有效地对学生进行反馈指导。其次，教师在课堂教学中，要发扬教学民主，建立新的课堂规则，改变那些有碍学生自由表达的陈规旧习，比如，不提问不准发言、答错了会受到批评、指责等，鼓励学生积极表达自己的想法。教师要指导学生善于观察、思考和评价，鼓励学生各抒己见，大胆质疑问题，允许学生保留自己不同的观点，从而使学生在课堂上能够真正"敢"反馈。最后，教师要经常与学生交流教学和学习的心得体会，唤起学生的交往意识和反馈意识，鼓励学生积极主动地向教师反馈自己的学习情况和学习感受。总之，只有在教师和学生的共同经营下，使课堂成为师生之间和生生之间情感交流、信息汇聚、经验交汇、教学相长的平台，才能真正实现教学反馈信息通道的畅通，从而保障课堂教学反馈功能的有效发挥。

2. 对学生进行有效回应，确保反馈通道畅通的持续性

当前师生信息反馈通道不畅的一个重要因素即是教师过于强调自己的权威，强调教学信息传递的单向性和流畅性，期望课堂教学能够按照自己预设的教学计划流畅地进行。在这种情况下，教师总是希望听到和自己之前的预设所符合的声音，当教学中出现"不一样的声音"时，教师常常予以忽视或者采取措施将学生的思维重新纳入预设的教学轨道中，缺少对学生反馈信息的有效思考和回应，更不会依据学生的反馈信息对自己的教学进行调整。教师的这种教学思维，不仅打击了学生参与课堂教学反馈的积极性，而且不利于师生教学反馈通道的持续畅通。

为确保教学反馈通道的持续畅通，教师在课堂教学过程中不能够不作为，更不能把自己局限于自己的教学设计中，而忽略学生的理解。教师应切实把学生当作课堂教学的主体，仔细倾听学生的回答，有效察觉学生的各种反馈信息，能够及时发现和肯定学生的设想，回应学生的提问和质

疑，并且根据学生反馈，或调整学生的关注点，或扩展学习内容，或启发学生思考，以此促进学生深入思考。教师要放弃自己心中最想要的那个声音，不局限学生的思路，善于聆听，及时回应，使学生变得愿意发言，并且有更好的表现。在讲解"细胞核——系统的控制中心"一节课时，按照教材上的编排，"先功能、后结构"，在充分分析了教材提供的四个资料的基础上，发现学生对"伞藻"并不了解，课堂反应茫然。为什么会出现这种情况呢？通过下课与学生交流发现，有些内容在生活中不常见，因此学生并不了解，鉴于此，根据"必须是紧紧围绕主题、不要超过范围（指学生接受的范围）、贴近生活"这三大原则，再次讲解这部分内容时只用两例。一例是"多莉"羊，说明细胞核决定性状；一例是变形虫，说明细胞核决定代谢。这时课堂气氛就活跃了。另外，教师在课前的教学计划中，对于教学的预设要保留一定的弹性，使教师和学生在课堂教学过程中有更大的发挥空间，确保教学反馈功能的有效实现。

（二）强化反馈意识，确保学生反馈信息的有效收集

要实现有效教学，教师不但要准确地向学生传递信息，还要及时捕捉学生在课堂教学过程中反馈回来的信息。可以说，全面准确地收集学生的反馈信息，是教师实现课堂教学反馈的重要保证。要实现全面有效的信息收集，要求教师必须提高反馈意识，要充分调动自己的一切因素，使教学反馈贯穿于课堂教学过程的始终，使之成为一个"有意为之"的常态环节，要求教师不断提高对有价值信息资源的敏感性和判断力，有效捕捉教学反馈信息，要求教师要开发和利用多种反馈手段，多角度地全面收集学生反馈信息。

1. 确保教学反馈贯穿于教学的始终，实现对反馈信息的全面收集

为了更好地实现对教与学的动态管理，提高反馈意识，把教学反馈贯穿于课堂教学过程的始终，成为一个"有意为之"的重要课堂教学环节。

在教学准备阶段，应结合以往教学中得到的反馈信息进行计划教学，预测教学中的重难点，并制定相应的对策。在新知识学习探索阶段，教师要鼓励学生参与课堂交流，收集学生的信息，及时准确了解学生的知识理解水平、思维过程和心理状态，并根据学生的反馈调整自己的教学。此外，教学反馈要关注全体，应覆盖不同层次的学生，同时顾及不同性格特征的学生。

2. 提高教学反馈的敏感性，实现对反馈信息资源的有效捕捉

教师要有较强的敏感性，能够根据教学情况和学生的反应，在课堂教学众多的信息源中，发现教学所需要的、有价值的信息资源。在课堂教学中，有许多反馈信息具有瞬时性。要认真观察学生的表情、体态和动作，学生学习过程中一句疑问、一个创新、一个动作、一个表情等等无论是以言语还是以行为、情绪的方式表达，都可能成为有效的反馈资源。这就要求教师对反馈信息具有敏感性，调动自己的一切因素，做到"心要平、眼要明、耳要灵、口要利、腿要勤"，敏锐地察觉到有效的反馈信息，发现学生的兴趣点和动情点，察觉学生的疑难点和模糊点，捕捉到知识教学的扩充点和生长点。正如叶澜教授说："学生在课堂活动中的学习状态，包括他们的兴趣、积极性、注意力、学习方法与思维方式、合作能力与质量、发表的意见、建议、观点，提出的问题与争论乃至错误的回答，等等。无论是以言语、还是以行为、情绪方式的表达，都是教学过程中的动态生成性资源。"教师有效地捕捉和把握这些有价值的信息，并且及时地进行回应反馈，把这些稍纵即逝的反馈信息转变成新的教学资源，有利于课堂教学的有效生成。

3. 开发和利用多种反馈手段，实现对反馈信息的多渠道收集

为了确保学习反馈信息收集的全面性和准确性，教师应开发和利用多种反馈手段，确保让每个学生都能成为反馈的信息源。一般来说，反馈渠

道越广，反馈信息的获取量就越大，准确性越高。因此，教师在充分利用常规的反馈手段时，例如课堂观察、提问、巡视辅导、课堂练习、测验等，也要针对课堂教学的新要求，创造性地开发和利用多样化的反馈渠道。例如，在课堂教学过程中，教师可以创造性地让学生举手用手指1、2、3、4表示选择题的正确答案，或者为提高趣味性，把1、2、3、4改用四种彩色圆牌，学生出示圆牌，更使教师一目了然等等；再如，教师在课后可以通过设立"反馈箱""留言板"，或者利用网络"在线聊天"或者"留言""博客"等收集学生的反馈信息。

另外，随着科学技术的发展，诸如计算机系统或其他通信工具在课堂教学中的应用，丰富了教学反馈方式，为帮助实现教师与学生在课堂教学中持续的、及时的互动反馈提供了有效的技术支持。例如，互动反馈技术在课堂教学中的应用。互动反馈技术（又称互动反馈系统，Interactive Response System，简称IRS），是在传统多媒体教室环境下，通过增加IRS设备，让教室中的每个学生都拥有一个属于他自己的移动计算设备，它是对多媒体环境的一种发展。学生可以根据教师设计的问题及答案进行电子表态，教师则可以看到表态的正确比例。互动反馈技术具有即时评价、调差、统计和记录的功能，它能够帮助教师及时全面地获得学生的学习反馈信息，及时调整教学进程，优化课堂教学。

当前，小组合作学习、学生自主学习在课堂教学中占有越来越重要的地位，但是教师缺乏有效的、有针对性的指导成为阻碍小组合作、学生自主学习环节学习效率提高的重要因素。教师充分利用多样化方法，了解小组合作、学生学习进展情况，全面收集学生的学习信息，进行有针对性的反馈。

4. 树立反思意识，确保后续教学设计的有效优化

教师的教学工作是一项长期性、持续性的工作，教学反馈亦然，绝非一项应急策略。教师在课堂教学中常常会出现新的情况和问题，需要及时进行课后反思，对学生的反馈信息以及自己课堂上的反馈行为进行记录、

归纳和分析，寻找自己教学设计的不足之处，并且反思调节措施和改进策略。教师积累的反馈资料，既可以作为下一节课的矫正内容，又可以成为后续教学设计的重要参考资料。若能长期坚持，注意积累和整理，有利于教师后续课堂教学的有效优化。教师的教学需要不断改进、提高和优化。教师只有根据学生的反馈信息一遍一遍地修正已有的设计，使之越来越适合学生，才能提高课堂教学的适切性，确保教学效果。

思考题：

1. 简述学习评价具有哪些功能？
2. 以初、高中教材某一章教学内容为例，根据教学目标，自编一套练习题。
3. 如何提高教师教学反馈能力？

参考文献

[1] 李耀新. 课堂教学的组织与管理 [M]. 广州：暨南大学出版社，2005.

[2] 陈月茹. 课堂教学组织与管理 [M]. 济南：山东人民出版社，2010.

[3] 郭永峰. 生物学新课程课堂教学技能概论 [M]. 北京：科学出版社，2009.

[4] 董洪亮. 新课程教学组织策略与技术 [M]. 北京：教育科学出版社，2004.

[5] 戚业国. 课堂管理与沟通 [M]. 北京：北京师范大学出版社，2005.

[6] 李森，杜尚荣. 课堂教学管理策略研究：基于案例的分析 [M]. 福州：福建教育出版社，2013.

[7] 张小勇，王重力，李维. 生物教师教学技能实训教程 [M]. 北京：科学出版社，2012.

[8] 刘勇. 课堂问题行为的管理策略研究 [D]. 长春：东北师范大学，2008.

[9] 施良方，崔允漷. 教学理论：课堂教学的原理、策略与研究 [M]. 上海：华东师范大学出版社，1999.

[10] 田慧生，李如密. 教学论 [M]. 石家庄：河北教育出版社，1996.

[11] 李秉德. 教学论 [M]. 北京：人民教育出版社，1991.

[12] 赖志奎. 现代教学论 [M]. 杭州：杭州大学出版社，1998.

[13] 傅道春. 教育学：情境与原理 [M]. 北京：教育科学出版社，1999.

[14] 吴立岗. 教学的原理、模式和活动 [M]. 南宁：广西教育出版社，1998.

[15] 闫承利. 素质教育课堂优化艺术 [M]. 北京：教育科学出版社，2000.

[16] 傅道春. 教学行为的原理与技术 [M]. 北京：教育科学出版社，2001.

[17] 黄甫全，王本陆. 现代教学论学程 [M]. 北京：教育科学出版社，1998.

［18］谈振华. 课堂教学理论读本［M］. 北京：社会科学文献出版社，2000.

［19］袁金华. 课堂教学论［M］. 南京：江苏教育出版社，1996.

［20］胡淑珍，常思亮，金生钛，等. 教学技能［M］. 长沙：湖南师范大学出版社，1996.

［21］许高厚，施铮，魏济华，等. 课堂教学技艺［M］. 北京：北京师范大学出版社，1997.

［22］孙正川. 课堂教学技能训练［M］. 武汉：华中理工大学出版社，1999.

［23］皮连生. 学与教的心理学［M］. 2版. 上海：华东师范大学出版社，1997.

［24］戴维 F. 课堂管理技巧［M］. 李彦，译. 上海：华东师范大学出版社，2002.

［25］JONES V F，JONES L S. 全面课堂管理：创建一个共同的班集体［M］. 方彤，等，译. 北京：中国轻工业出版社，2002.

［26］周小山，严先元. 新课程的教学设计思路与教学模式［M］. 成都：四川大学出版社，2002.

［27］徐英俊. 教学设计［M］. 北京：教育科学出版社，2001.

［28］乌美娜. 教学设计［M］. 北京：高等教育出版社，1994.

［29］吴康宁. 课堂教学社会学［M］. 南京：南京师范大学出版社，1999.

［30］李信. 中小学课堂教学概论［M］. 长春：东北师范大学出版社，1999.

［31］吴也显. 教学论新编［M］. 北京：教育科学出版社，1991.

［32］陈时见. 课堂管理论［M］. 桂林：广西师范大学出版社，2002.

［33］刘志军. 课堂评价论［M］. 桂林：广西师范大学出版社，2002.

［34］李德显. 课堂秩序论［M］. 桂林：广西师范大学出版社，2000.

［35］CHARLES C M. 建立课堂纪律［M］. 李庆，孙麒，译. 北京：中国轻工业出版社，2003.

[36] 周军. 教学策略 [M]. 北京：教育科学出版社，2003.

[37] 吕世虎. 初中数学新课程教学设计与特色案例评析 [M]. 北京：首都师范大学出版社，2003.

[38] 唐思群，屠荣生. 师生沟通的艺术 [M]. 北京：教育科学出版社，2001.

[39] 李晓文，王莹. 教学策略 [M]. 北京：高等教育出版社，2000.

[40] 严先元. 课程实施与教学改革 [M]. 成都：四川大学出版社，2002.

[41] 文萍. 创新型课堂教学设计：中学：第1卷 [M]. 南宁：广西人民出版社，2001.

[42] CRUICKSHANK D R，BAINER D L，METCALF K K. 教学行为指导 [M]. 时绮，等，译. 北京：中国轻工业出版社，2003.

[43] 郭成. 课堂教学设计 [M]. 北京：人民教育出版社，2006.

[44] 皮连生. 学与教的心理学 [M]. 5版. 上海：华东师范大学出版社，2009.

[45] 代蕊华. 课堂设计与教学策略 [M]. 北京：北京师范大学出版社，2005.

[46] 皮连生. 智育心理学 [M]. 北京：人民教育出版社，1996.

[47] 黄甫全，王本陆. 现代教学论学程 [M]. 2版. 北京：教育科学出版社，2003.

[48] 佐藤正夫. 教学原理 [M]. 钟启泉，译. 北京：教育科学出版社，2001.

[49] 王本陆. 课程与教学论 [M]. 北京：高等教育出版社，2004.

[50] 李秉德. 教学论 [M]. 北京：人民教育出版社，1991.

[51] 张良田. 教学手段论 [M]. 长沙：湖南教育出版社，1999.

[52] 刘宏武. 新课程的教学策略 [M]. 北京：中央民族大学出版社，2004.

[53] 杜萍. 有效课堂管理：方法与策略 [M]. 北京：教育科学出版社，2008.

［54］赵国忠. 透视名师课堂管理［M］. 南京：江苏人民出版社，2007.

［55］李劲松. 有效的课堂管理［M］. 长春：东北师范大学出版社，2006.

［56］李秉德. 教育科学研究方法［M］. 2版. 北京：人民教育出版社，2001.

［57］GOOD T L, BROPHY J E. 透视课堂［M］. 陶志琼，王凤，邓晓芳，译. 北京：中国轻工业出版社，2002.

［58］汪刘生. 教学美学［M］. 长春：吉林人民出版社，2005.

［59］张智学. 课堂教学原理与策略［M］. 银川：宁夏人民教育出版社，1996.

［60］达尼洛夫，叶希波夫. 教学论［M］. 北京师范大学外语系1955级学生，译. 北京：人民教育出版社，1961.

［61］杜萍. 有效课堂管理：方法与策略［M］. 北京：教育科学出版社，2005.

［62］郑金洲. 基于新课程的课堂教学案例［M］. 福州：福建教育出版社，2003.

［63］刘家访. 有效课堂管理行为研究［D］. 重庆：西南师范大学，2002.

［64］李定仁，徐继存. 教学论研究二十年（1979～1999）［M］. 北京：人民教育出版社，2001.

［65］杨心德. 中学课堂教学管理心理［M］. 杭州：杭州大学出版社，1993.

［66］李维. 课堂教学技能［M］. 贵阳：贵州人民出版社，1988.

［67］冯克诚，范英，刘以林. 教师课堂组织行为规范［M］. 北京：华语教学出版社，1996.

［68］雷爱华. 论课堂问题行为［D］. 桂林：广西师范大学，2001.

［69］宋林飞. 西方社会学理论［M］. 南京：南京大学出版社，1997.

［70］王桂芝. 班主任成长日记［M］. 北京：开明出版社，2006.

［71］张德. 组织行为学［M］. 2版. 北京：高等教育出版社，2004.

［72］石鸥. 教学病理学基础［M］. 济南：山东人民出版社，2006.

［73］叶一舵. 新课程背景下的公共心理学教程［M］. 北京：高等教育出版社，2004.

［74］王琴. 学校教育中师生冲突研究［D］. 上海：华东师范大学，2007.

［75］侯光文. 教育评价概论［M］. 石家庄：河北教育出版社，1996.

［76］李如密. 现代教学理论研究［M］. 长春：吉林人民出版社，2003.

［77］夸美纽斯. 大教学论·教学法解析［M］. 任钟印，译. 北京：人民教育出版社，2006.

［78］李如密. 教学艺术论［M］. 济南：山东教育出版社，1995.

［79］刘恩山. 中学生物学教学论［M］. 北京：高等教育出版社，2003.

［80］卢文祥. 生物课堂教学技能训练［M］. 长春：东北师范大学出版社，2001.

［81］韦志成. 教学语言论［M］. 南宁：广西教育出版社，2001.

［82］徐仁静. 中学生物创新教法［M］. 北京：学苑出版社，1999.

［83］曹道平，陈继贞. 生物教育学［M］. 青岛：中国海洋大学出版社，2000.

［84］杨华，崔鸿，王重力. 生物课程教育学［M］. 武汉：华中师范大学出版社，2003.

［85］朱新春. 教学工作技能训练［M］. 北京：人民教育出版社，2001.

［86］陈旭远，张捷. 新课程实用课堂教学艺术［M］. 长春：东北师范大学出版社，2004.

［87］汪忠. 生物新课程教学论［M］. 北京：高等教育出版社，2003.

［88］王松泉，董百志. 学科素质教育艺术论［M］. 北京：社会科学文献出版社，2004.

［89］杨国全. 课堂教学技能训练指导［M］. 北京：中国林业出版社，2001.

［90］傅道春，齐晓东. 新课程中教学技能的变化［M］. 北京：首都师范大学出版社，2003.

［91］刘儒德. 探究学习与课堂教学［M］. 北京：人民教育出版社，2005.

［92］陈继贞，张祥沛，曹道平. 生物学教学论［M］. 北京：科学出版社，2003.

［93］郑晓蕙. 生物课程与教学论［M］. 杭州：浙江教育出版社，2003.

［94］周卫勇. 走向发展性课程评价：谈新课程的评价改革［M］. 北京：北京大学出版社，2002.

［95］罗莎莎. 高中课堂教学时间管理研究［D］. 重庆：西南大学，2017.

［96］连秀丽. 高效课堂视角下普通高中课堂管理改进策略研究：以辽宁省沈阳市铁路中学为例［D］. 沈阳：沈阳师范大学，2012.

［97］王明娣. 课堂学习共同体的理论建构及特征研究［J］. 当代教育与文化，2018，10（3）：44-50.

［98］于丰园. 因材施教原则的应用及其与现代教育理论冲突的探讨［D］. 南昌：江西师范大学，2006

［99］李聪. 中学教师课堂教学效果评价的研究［D］. 苏州：苏州大学，2011.

［100］刘菊霞. 课堂教学关键事件研究［D］. 河南：苏州大学，2013.

［101］王小明. 新课程改革背景下学生学习方式转变研究［D］. 上海：上海师范大学，2010.

［102］张怡斌. 认知方式、教学方法对学生生物学信息处理能力影响的研究［D］. 济南：山东师范大学，2005.

［103］吴雁南. 多种教学手段在生物课堂的运用［J］. 江西金融职工大学学报，2008，21（5）：145-146.

［104］赵伟. 分组选项自主学习：高中美术教学中对"美术超市"教学组织形式的探索［D］. 石家庄：河北师范大学，2008.

［105］赵迎峰. 充分发挥支架作用，培养学生自主探究能力［J］. 中国校外教育，2014（32）：25.

［106］徐慧. 高中生物难点分析和教学策略探究：以"光合作用和细胞呼

吸"为例[D].南京：南京师范大学,2018.

[107] 张仕莉.浅谈初中生物师生和谐互动式教学[J].内江师范学院学报,2005,20(S1):300-301.

[108] 赵志诚.形成生命观念的教学策略浅析[J].中学生物教学,2019(7):21-23.

[109] 续朋.基于核心素养落实的课堂教学策略[J].中学生物教学,2019(2):15-16.

[110] 杨泓.纸质模具在高中生物教学中的应用研究[D].昆明：云南师范大学,2018.

[111] 李唯玮.高中生物教学中学生理性思维培养的策略探索：以海口市海师附中为例[D].海口：海南师范大学,2018.

[112] 李波,马庆岩,张晓雪.高中生物教学中结构与功能生命观形成分析[J].高师理科学刊,2019,39(8):103-106.

[113] 吴海燕,张雪梅.例谈初中生物学重要概念的建构过程与意义[J].中学生物教学,2013(8):27-30.

[114] 张宇.初中生物课堂中前概念转化策略的研究[D].天津：天津师范大学,2015.

[115] 李建明.生物学教学中的安全与安全防范[J].生物学教学,2005,30(7):64-65.

[116] 王永新.高中生物新课程中的STS教育初探[D].长春：东北师范大学,2007

[117] 刘文胜,郑兰萍.高中生物科学史显性教学策略浅探[J].基础教育参考,2019(20):63-64.

[118] 赵婷.高中生物学科学史教学现状及其对策研究[D].扬州：扬州大学,2018.

[119] 孟凡龙,崔鸿,倪忠春.援引经典科学史阐释科学本质的维度内涵[J].中学生物学,2019,35(6):57-59.

[120] 侯玉来.课堂组织教学的艺术技巧探析[J].学周刊,2012

（9）：208.

[121] 智德慧. 论有效课堂教学的时间管理策略［D］. 重庆：西南大学，2012.

[122] 周丽华. 智慧导入　开启灵动课堂的钥匙［J］. 长春教育学院学报，2012，28（9）：160－161.

[123] 熊建新. 新课程下课堂教学节奏模式及价值分析［J］. 成都大学学报（教育科学版），2007，21（12）：25－26，30.

[124] 郭永峰. 生物学课堂教学中实施研究性学习的研究［D］. 曲阜：曲阜师范大学，2004.

[125] 朱君培. 在高中生物教学中开展合作学习初探［J］. 中学生物教学，2004（12）：19.

[126] 白海霞. 浅谈合作学习在初中生物教学中的运用［J］. 成功（教育），2011（18）：154.

[127] 陈鸿阳. 在生物教学中培养学生自主学习能力［J］. 中学理科园地，2014，10（1）：39－41.

[128] 杨利. 教师教学言语的育人功能：基于小学语文课堂教师教学言语的分析［D］. 长春：东北师范大学，2015.

[129] 李德全，杨正强. 论课堂教学时间管理策略［J］. 课程·教材·教法，2014，34（3）：26－31.

[130] 向洁. 论课堂教学中教师消极感情的表征及矫正策略［D］. 重庆：西南大学，2012.

[131] 赵鑫，周冠环. 论教师情感修养的教育意蕴［J］. 当代教师教育，2013，6（4）：1－5.

[132] 何立. 高中生物教学中板书的使用策略与教学质量关系的行动研究：以保山市第八中学为例［D］. 昆明：云南师范大学，2014.